資質・能力を育てる
通信簿の文例
&言葉かけ集

小学校
高学年

石田恒好
山中ともえ

［編著］

図書文化

まえがき

　学習指導要領が新しくなり指導要録も改められました。新指導要録では，観点別評価の観点の数が三つに整理されたり，学校における働き方改革の一環として記述の簡素化がはかられるなど，いくつかの変更点が見られます。

　評価の基準である指導要録が改められると，その趣旨に沿って通信簿を改める作業が全国各地の学校で進められます。そして，一新された通信簿を作成し，記入して児童に渡すことになります。

　通信簿を作成，記入するときに多くの教師が口にするのは，「新指導要録の趣旨に沿って児童ごとに書き分けるのは大変です。優秀な先輩の記入例を見たいです」であり，渡すにあたっては，「すべての児童に適切な言葉をかけてあげたいです。参考になる本が欲しいです」という声です。

　こうした声に応えるために，本書の前身を刊行したのは1992年です。「この本のおかげで通信簿の記入がうまくいっています」「すべての児童に適切な言葉かけができます」と感謝の言葉が多く寄せられています。

　児童も保護者も，所見など文章で書かれているところは，必ず，しかも真剣に読むものです。それだけに，その書き方によって絶大な信頼を得ることもあれば，逆にまったく信頼を失う契機になることもあります。そこで，通信簿の機能を十分発揮でき，しかも児童からも保護者からも信頼されるように記入するための手順，留意点，児童の実態に即した記入文例などをわかりやすく示しました。また，通信簿の仕上げとなる，渡すときの言葉かけについても指導要録の改訂に沿って改めました。通信簿を渡すときだけでなく日常の言葉かけとしても活用いただきたいです。

　なお，本書の編集にあたっては，「子どものよさを伸ばす」という基本姿勢を一貫させたつもりです。それが新しい評価観であるというより，通信簿本来のねらいであると信ずるからです。通信簿の記入や言葉かけにおいて，本書が先生方のお役に立つことを心から願っています。

2019年4月

編者

目次

資質・能力を育てる
通信簿の文例&言葉かけ集

第1部 解説編

- 通信簿記入までの手順 ……… 9
- 5年生の通信簿 ……… 10
- 6年生の通信簿 ……… 11
- 所見文のチェックポイント ……… 12
- チェックポイントに基づくNG文例・表現例 ……… 13
- 課題を指摘する際の留意点 ……… 15
- 課題を指摘する所見文の書き方 ……… 16
- 長所発見の視点表 ……… 20
- 所見で使える表現一覧 ……… 24

第2部 文例編

- 本書（2019年版）の特徴 ……… 28

第1章 学習の所見文例

- 所見記入時の留意点 ……… 29
- **学習全体**
  - ●学習成果 ……… 30
  - ●学習への取組み方 ……… 46
  - ●観点別にみた学力の特徴 ……… 70
  - ●学習習慣・家庭環境・その他 ……… 84

教科学習
- ●評価の観点と文例の分類について ……… 95
- ●国語 … 96　●社会 … 98　●算数 … 100　●理科 … 102
- ●音楽 … 104　●図画工作 … 105　●家庭 … 106
- ●体育 … 107　●外国語 … 108

総合的な学習の時間
- ●所見記入時の留意点 ……… 113
- ●所見文例 ……… 114

特別の教科　道徳
- ●所見記入時の留意点 ……… 121
- ●所見文例 ……… 123

第 2 章　行動・特別活動の所見文例

所見記入時の留意点 ……… 125
行動
- ●基本的な生活習慣 ……… 126
- ●健康・体力の向上 ……… 130
- ●自主・自律 ……… 134
- ●責任感 ……… 138
- ●創意工夫 ……… 142
- ●思いやり・協力 ……… 146
- ●生命尊重・自然愛護 ……… 150
- ●勤労・奉仕 ……… 153
- ●公正・公平 ……… 156
- ●公共心・公徳心 ……… 159
- ●その他 ……… 162

特別活動
- ●学級活動 ……… 166

- ●児童会活動 ……… 168
- ●クラブ活動 ……… 169
- ●学校行事 ……… 170

第3章 特別な配慮を必要とする子どもの所見文例

所見記入時の留意点 ……… 173
- ●学習面の困難がある ……… 174
- ●行動面の困難がある ……… 180
- ●対人面の困難がある ……… 183
- ●通級指導や個別指導などを受けている ……… 186

第4章 子どもの状況別言葉かけ集

言葉かけの心得 ……… 187
言葉かけの基本 ……… 188
- ●学習の様子から ……… 189
- ●行動の様子から ……… 194

所見文例索引 ……… 197

第1部 解説編

● 通信簿記入までの手順

①子どもごとに，記入する内容を整理して，準備します
　　一覧表や，ノート，ファイルなどに記入し準備します。大切な個人情報ですから，学校の規則に従って保管します。

②記入を始める前に，机の上を片付け，必要なものをそろえます
　　筆記用具，ゴム印，定規，更紙，辞書など，必要なものをそろえてから始めます。そのつど立って気を散らさないで，集中するためです。

③机の上，使用するものをよくふき，手を洗います
　　通信簿を汚さないための事前準備として行います。受け取った通信簿が汚れていては，保護者も子どももがっかりします。先生と通信簿への信頼が失われかねません。

④共通なものはゴム印を押します
　　学校長の氏名，担任の氏名など共通なものはゴム印を押しますが，インクの濃度やむらに気を付けます。押印後は汚れを防ぐために，更紙をはさみます。

⑤心を込めて，丁寧に記入します
　　保護者も子どもも，真剣に受け止めます。教師はこれにこたえて，心を込めて真剣に，文字は丁寧に記入しなければなりません。

⑥記入にあたっては，辞書を座右に置きます
　　誤字，誤用があっては，保護者も子どももがっかりし，信頼を失いかねません。自信がない場合は，辞書で調べてから記入します。

⑦一覧表からの記入は，定規を当てて，ずれを防ぎます
　　データを個人ごとにまとめていれば問題はありませんが，一覧表の場合は，ずれてほかの子どものものを書くことがあります。定規を使って防ぎます。

⑧記入が終わったら点検します
　　完璧にできたと思ってもうっかりミスはあります。必ず点検します。

⑨校長・教頭・教務主任に点検してもらいます
　　公的な文書のため，万全を期す必要があります。誤りがあれば修正し，押印してできあがったものは，個人情報として金庫などで保管します。

● 5年生の通信簿

　5年生は高学年の仲間入りをし，未知なものへの好奇心や探究心が一段と旺盛になります。行動は集団意識に支えられ，高学年としての主体性や自己責任，集団への寄与など，より高度な態度が期待される時期でもあります。そこで，所見の記述に際しては，次のことに配慮したいものです。

①5年生としてふさわしい主体的な学習習慣の形成，集団への関わり，社会性の発達などに重点を置き，その発達に役立つよう適切な助言内容とする。

②向上意欲，建設的な態度，創造的な姿勢などを重視した，多面的な評価を行う。

　いっぽう，思春期にさしかかるころでもあり，価値観や行動に不安定さが表れたり，男女による心身の成長の差が大きくなったりします。自分に自信が持てなくなったり悩んだりすることも多くなってくるため，学校生活の状況をいっそう丁寧に見取っておき，具体的な指摘や励ましをすることが大切になります。

学期ごとの通信簿作成の配慮点

1学期
- 前学年の指導要録に目を通し，子ども一人一人の特性を把握し，疑問点があれば前任者に問い合わせるなどして，子どもの確かな理解に努める。
- 指導に関わる担任以外の担当者などからも情報を得ながら，子ども一人一人を多面的に観察した資料を細かくまとめておく。特に，新たに加わった外国語科の学習状況には触れたい。
- 夏休みや2学期にがんばらせたいめあてや指導方針・方法を具体的に伝える。

2学期
- めあてに対する姿勢，学力の伸び，進歩の状況などを具体的に知らせる。
- 2学期の学習や学校行事などで貢献したこと，がんばったことなどを細かく記録しておき，わかりやすい表現で知らせる。
- 冬休みに家庭で取り組んでほしい具体的な課題を知らせる。

3学期
- 1年間の努力の様子，成長の様子などをまとめ，そのよさを具体的に伝える。
- 6年生へ進級する喜びと希望を感じさせるよう，子ども一人一人のよさの指摘と励ましを中心に記述する。

● 6年生の通信簿

　小学校最終学年は「学校の顔」となる時期です。児童会活動，クラブ活動，全校的な活動，対外的な活動など，さまざまな場面で常に先頭に立ち，中心的な役割を担うようになります。判断や行動様式にもそれぞれの個性がみられ，自我に目覚めたその子どもなりのアイデンティティの確立が進みます。子ども扱いされることには反発し，行動に関することでも，表面の結果だけでなく動機に着目した内面の理解を期待する年齢でもあります。

　また，思春期特有の不安定な感情がより大きくなることもあるため，男女の特性にも配慮が必要となります。教師は安易な思い込みをせず，一人一人の身体的・精神的な成長や変化を見逃すことのないようにしたいものです。日頃から校内・校外関係機関や家庭との連携を密にして，さまざまな情報を多方面から収集するよう心掛けることが肝要です。

学期ごとの通信簿作成の配慮点

1学期
- 年度当初に学年で評価計画を立て（説明責任への対応も視野に入れることを共通理解し），それに基づき妥当性，客観性のある評価資料の収集に努める。
- 1学期の努力の様子から，1年間・夏休みの課題など，短期・長期の目標を持たせ，一人一人の子どもが意欲を持って学習・行動する姿を認めて励ますようにする。

2学期
- 1学期の指導と評価を踏まえ，その連続・発展から評価しつつ，新たな成長の面も見逃すことなく認めて励ますようにする。
- 年間で最も充実した時期となるため，学習・行動面はもちろん，学校行事での活動状況も伝える。その際に，結果だけでなく結果に至る努力の過程も記述するようにする。
- 冬休みの生活における努力点を示し，家庭の協力も求めるようにする。

3学期
- 3学期に設定されている活動の教育的意義を押さえ，最後まで子どもの成長につながる発見の努力を続け，保護者にメッセージとして発信する。
- 1年間の，更には6年間の総まとめとして，成長の軌跡を端的・明瞭に記述し，希望を持って中学校生活に進んでいけるような指針を示す。

● 所見文のチェックポイント

①人権を損なう表現や差別・偏見につながる表現になっていませんか
　身体的障害に触れたり心身の特徴を具体的に挙げたりする表現，偏見や固定観念にとらわれた表現は許されません。子どもや保護者の気持ちに配慮した記述を心掛けましょう。

②家庭に干渉したり，責任転嫁したする表現になっていませんか
　不用意に家庭の事情に触れたり，教師が指導すべきことを家庭に求めたりすることは許されません。信頼を失い，家庭の理解・協力を失うことにもつながります。

③子ども・保護者にわかりにくい専門的な表現になっていませんか
　むずかしい言葉や教師間で使う専門用語，抽象的な表現では子どもはどう努力したらよいかわからず，保護者もどう協力したらよいかわかりません。

④教育観・学力観の誤り・思い上がりによる表現になっていませんか
　安易に教科に軽重を付けたり，自分の教育信念を押し付けたりしないよう注意します。謙虚さを忘れず相手の心に届く表現を工夫しましょう。

⑤ほかの子どもと比べた表現になっていませんか
　通信簿は，子どもたち一人一人の努力と成長，励ましの記録です。ほかの子どもと比較して，無用の競争心・嫉妬心をあおることは慎みましょう。

⑥独善的，断定的で，冷淡な表現になっていませんか
　データよりも自分の感情を優先して書いたり，子どもの能力や性格を安易に，しかも断定的に表記したりすることは避けなければなりません。

⑦子どもの欠点を指摘するばかりの表現になっていませんか
　欠点の指摘だけでは子どもの力は伸びません。子どものよさや努力を認め，指導の方向性を伝えることで家庭の理解・協力を促しましょう。

⑧乱雑に書かれてはいませんか
　誤字脱字，乱雑な字，汚れがあっては，保護者も子どもも失望します。

●チェックポイントに基づくNG文例・表現例

①人権を損なう表現や差別・偏見につながる表現

- 言葉遣いに**女性らしさ**が感じられません。
- 友達から**ノッポ**と言われるのを……
- **お母さんが外国人のため**，語彙が少なく……

その他のNG表現例
- どもる ●おしのように ●背が小さい ●やせ ●太っている
- 体重が重い ●ぐず ●のろま ●外人 ●片手落ち ●ねこ背 ●だんご鼻
- がに股 ●父兄 ●音痴 ●色黒 ●いなか者 ●幼稚 ●にぶい
- 頭でっかち ●つむじまがり　など

②家庭に干渉したり，責任転嫁したりしている表現

- **ご家庭でのテレビ視聴やゲーム遊びに問題があり**，睡眠不足で授業中ぼんやりしていることが多いです。
- **家庭での予習・復習が不足しており，学習の定着が遅れています**。家庭学習の習慣が付くよう，家庭でも見てあげてください。

その他のNG表現例
- 基本的な生活習慣が身に付いていない ●家庭で身に付けるべきこと
- 過保護 ●過干渉 ●甘やかし ●温室育ち ●無理解 ●生育歴 ●放任
- 一人親 ●離婚 ●共働き ●しつけ不足 ●親の怠慢 ●鍵っ子　など

③子ども・保護者にわかりにくい専門的な表現

- 社会的事象への興味・関心が高く，**事象の意味を多面的にとらえます**。
- 学習態度が良好で，**学習意欲も旺盛**で，きちんとした生活態度です。
- **目的意識が明確であること**が学習の理解につながっています。**心の余裕が出てくると更に確かな理解**を得られます。

その他のNG表現例
- 受容 ●学力観 ●評価の観点 ●技能の習得 ●課題解決学習 ●領域
- 動機付け ●態度化 ●情報モラル ●言語活動 ●キャリア教育
- 道徳的実践力　など

④教育観・学力観の誤り・思い上がりによる表現

- 音楽や図画工作の**技能教科**は意欲的に学習しますが，**肝心の国語**では集中力が続かず……
- ～は**私の教育方針に照らして許せない**ことで……

▶その他のNG表現例
- ●主要教科 ●基礎教科 ●私の教育信念（私の教育観）では
- ●私のクラスでは認めていない ●私の経験にない
- ●担任の言葉に従えない など

⑤ほかの子どもと比べた表現

- 国語や算数の理解力は，○さんに次いでクラス第2位です。
- 友達が作品を仕上げているのに，マイペースで作業を続けています。

⑥独善的，断定的で，冷淡な表現

- まるで活気がなく，授業中もいるかいないかわからないくらいです。もっとはきはきできるようにしたいものです。
- 学習中，私語が目立ったり，落ち着きがなかったりが原因で，理解が不確かです。この点が直らない限り，学習成果は期待できません。

⑦子どもの欠点を指摘するばかりの表現

- 何をするにも真剣さが足りません。授業態度にもむらがあって，成績の伸びもあまり見られません。
- 作品を仕上げるのにとても時間がかかります。製作や作業が中途半端です。

● 課題を指摘する際の留意点

①できていない点を補う課題だけでなく，よくできる点を伸ばす課題も示します

課題というと，できていない点を補うためだけと考えがちですが，よくできる点を更に伸ばすための課題もあります。後者を先述すると，子どもも保護者も嬉しく，やる気につながりやすくなります。

②課題を示すだけでなく，必ず努力の仕方を示します

できていない点（課題）だけを示しているものがあります。これでは，子どもも保護者も嫌な思いをするだけで，今後，どのようにすればよいかもわかりません。どう努力したらできない点ができるようになるのか，努力の仕方をできるだけ具体的に示すことが必要です。

③よくできている点を示してから，課題と努力の仕方を示します

よくできている点をまず示すと嬉しくなります。次に，できていない点を補う課題と努力の仕方を示しても，素直に受け止め，努力する気になります。

④努力とその成果を書くようにします

その学期中に本人が大変努力し，その結果できていない点ができるようになったり，進歩したりした点などを書きます。課題に取り組むように促したり，励ましたりする効果があります。

⑤学習意欲や態度の向上について書くようにします

継続して課題に取り組むことにより，基礎的・基本的な内容の習得を徹底できます。そのためには，絶えず課題を意識して取り組む意欲，態度が必要です。学期中の意欲，態度の向上を進んで示すことで，意欲，態度を育成できます。

⑥子どもごとにデータをファイルし，書き分けます

課題は子どもごとに違い，努力の仕方も違います。子どもごとに書き分けるために「子どもごと」「単元ごと」にきめ細かいデータを収集しておきます。

● 課題を指摘する所見文の書き方

○学習成果が上がらない子

どの教科の学習でも，①とてもまじめに取り組みます。これからは，②自分から進んで調べ，自分で解決していく力を身に付けるようにしてください。

①対象は何か？
②このような大目標をどう指導するかは教師が取り組むべきこと。

添削後 人の話をよく聞く態度ができており，与えられた課題には真剣に取り組みます。まず，来学期は新聞や本を使って調べる活動に取り組むことから始め，国語の力を高めさせたいと思います。

POINT 具体的に何ができているのか，明確にした上で，課題となっていることに対してどうがんばれば成果が上がるのかを具体的に示す。

○粘り強さが足りない子

授業の開始直後は①意欲的ですが，途中から②注意力がそれてしまいがちになります。③なにごとも粘り強さが大事です。日頃の積み重ねを大切に取り組み，来学期は，その成果を期待しています。

①もっと具体的な内容を。
②対象は何か？
③もっと具体的な方向付けを。

添削後 授業の前半は，話をよく聞き，討論にも加わります。後半は，やや私語が多くなることがあり，レポートの内容が雑になりがちです。来学期は，自分の課題に沿って進められるように，学習計画を立てるところに力を入れて取り組めるように指導していきたいと思います。

POINT 努力する意欲を育てるためにどんなことから取り組むのか，学校での指導の方向を示したい。

○考えることが苦手な子

むずかしい問題に出合うと，考える前にあきらめてしまうことがあります。①理解力はありますが，これからは時間をかけて②じっくりと考えて解決していく姿勢を大切にしていきましょう。

①対象は何か？
②どう力を付ければよいか？

> **添削後** 今学期は学習にめあてを持って取り組むように指導してきました。計算問題には集中でき、正確さが加わりました。今後、文章題を解く手掛かりをどう整理していったらよいか、さまざまな場面で指導していきたいと思います。

POINT 教師の目に付いていることをそのまま記述したのでは、指導にはならない。集中力のない原因を考えたい。がんばっている面を取り上げ、努力の方向を示す。

◯忘れ物が多く学習に支障をきたす子

学習意欲は旺盛です。今学期は、宿題忘れが増え、特に、①学習用具の忘れ物が目立ちました。忘れ物をすると一番に自分が困ることに気付かせることが大切です。②忘れ物を減らすよう家庭での協力をお願いします。

①どんな用具か？
②もっと具体的な内容を。

> **添削後** 授業中は発言も多く、意欲的に取り組んでいます。しかし、図画工作や家庭科で作品をつくる材料を忘れることが多々ありました。来学期は初心に戻り、「明日の用意」を寝る前にすませ、忘れ物をなくす習慣を付けることができるように、家庭でも声かけをお願いします。

POINT まずは忘れ物の原因を明確にする。その上で指導の経過を具体的に示すなどして家庭の協力を呼びかける。ただし、個人面談などでも指摘し具体的な指導方針を一緒に考えて課題を共有することが必要である。

◯教科の好き嫌いが激しい子

自分の好きな教科には興味を示し、①成績も安定しています。苦手な教科にも②意欲を持ってがんばり、苦手意識をなくして③むらなく取り組むように願っています。

①どんな状況か？
②どうがんばればよいのか？
③もっと具体的に。

> **添削後** 体育が得意で、級友からも一目置かれています。苦手な国語や算数は、復習と予習を毎日続けることが大切です。地道な努力の大事さに気付かせ、実行させていきたいと思います。

POINT まず、好きな教科を認め、その上で他教科への努力を促すようにする。

○約束ごとにルーズな子

①規範意識が薄く，廊下で走り回るなど，学校のきまりが守れずに注意を受けることが多くありました。②約束ごとに対するけじめを付けさせていきたいです。

①どういうことか？
②具体的に。

添削後 明るく活発に活動しています。ただ夢中になりすぎて時間やきまりごとにけじめが付きにくいときがあるので，次のことを考えて行動するように適宜指導していきます。

POINT 約束が守れなかった理由や状況を子どもの側からもとらえる。その上で，どう指導していくのか方針を伝える。

○指示待ちで主体性に欠ける子

①ほんのささいなことでも「これどうやるの」と聞いてきます。行動全般で指示がないと動けない傾向が強いようです。②自信を付けさせたいです。

①どんな場合だろうか。
②具体的にどうすればよいのか。

添削後 慎重に注意深く行動できます。下学年のリードをするため，活動の確認を担任にもよくたずねに来ます。大抵は的確な判断ができているため，自信を持って動くよう励ましています。また，たとえ失敗したとしても，失敗の理由を考え改善することも大切な学びとなります。

POINT 大抵の場合，よさと課題は共存している。何がよさで何が課題であるかを書く。その上で，導きたい方向性を示す。

○身勝手な行動が目立つ子

①行動力は抜群で係活動ではリーダーとなって活動します。しかし，②自己中心的な行動もあり，友達同士のトラブルもときどき見られます。③広い心で人と関わる力を身に付けるようがんばってください。

①どのようなことか？
②例えばどんなことか？
③もっと具体的な方向付けを。

> 添削後　自分の考えをはっきりと持ち，行動も積極的です。掃除や係活動で友達とトラブルを起こすと，自分の立場や考えだけを主張しがちです。これからは，相手の立場を理解し，相手の気持ちを考えて行動するように心掛けてほしいと思います。

POINT 具体的な行動の様子を示し，学校生活を楽しく過ごすことの意味付けとその手立てを示す。

○協調性に欠ける子

> ①ものごとを客観的に見たり，考えたりする能力がついてきました。しかし，②友達によって接する態度が異なることがありました。互いに③協調しながら学級での活動ができるようにがんばってください。

①どんな能力か？
②どのように接し方が異なるのか？
③もっと具体的な内容。

> 添削後　友達の意見を聞き入れることができますが，グループ活動では自分の意見を通そうとする姿が見られます。仲よく協力するにはどうしたらよいか考えて行動するように指導していきたいと思います。

POINT 友達と関わる力はあっても，人によって差別・区別をする姿を自ら振り返ることはむずかしい。その点を指摘するとともに，方向性を示す。

○反抗的な子

> 自分の考えをしっかりもっており，とてもがんばり屋です。ときどき，①反抗的な態度をとり，友達との人間関係を損なったりすることが見られます。②この態度を直し，思いやりの心を持つようにしてください。

①どんな様子か？
②どうすればよいのか？

> 添削後　自分の考えを持ち，自己主張できる態度はりっぱです。しかし，自分がいけなかったときには素直に非を認め，人の話にしっかりと耳を傾ける態度を持つことも大切です。来学期には一歩成長した姿を期待しています。

POINT 否定的に受け取るだけでは逆効果となる。内にあるよさを認めながら，改善のための行動例を示していく。

● 長所発見の視点表

視　点	評価法	具体的なポイント
児童の すべてを認める （受容）	・観察	●まず大切なことは，児童一人一人の存在を認め，一人の人間として見ることである。教師は，児童が心身ともに成長し，将来を担う社会人としてりっぱに生きていくことを願っている。そのためには，児童のすべてを認めるという前提がまず必要である。
短所を長所に 置き換えて見る （発想転換）	・観察 ・自己評価 ・相互評価	●逆転の発想が大切で，長所はときとして短所になり，短所は考え方を変えればよさや長所にもなる。短所は目に付きやすいが，その短所をよい面に伸ばすような指導や助言を与えたり，その短所を長所に置き換えたりして，児童の長所を見出す。 ●活発であることが，授業中は騒がしいとの指摘を受ける反面，学級活動などでの話合いでは，積極的な発言が多く，全体の雰囲気をよくする場合もある。
集団の中で見る （集団抽出）	・観察 ・相互評価	●学校は集団生活を基本としており，児童は一人でいるときとは違って，集団を意識した言動になる。その児童が集団の中でどのように行動し，周りの児童からどのように見られているかなど，集団の中で児童をとらえて長所を見出す。 ●友達に対して，思いやりのある言動ができる児童や，集団活動の中でリーダー性を発揮する児童など，日頃見えない姿をとらえることができる。
客観的データから 見る （客観法）	・データ 　分析	●学級担任が児童を主観的・恣意的にとらえることがあってはならない。そのためにも，客観的・科学的なテストを実施して，そのデータから児童を客観的に把握し，その中で長所を見出す。 ●定期考査，検定試験（英語，漢字など），知能検査，適性検査など。

視　点	評価法	具体的なポイント
児童のレベルに立って見る（同レベル）	・観察	●教師は児童を教える対象としてとらえ，師弟関係，上下関係で見がちであるが，それでは長所が見えてこない場合がある。教師が児童のレベルに立って見ることで，児童の長所が見えてくる場合がある。 ●児童の活動に教師が参加する，昼休みの時間に児童と一緒に遊ぶ，児童との雑談や共通の話題で話をするなど。
見る場を変えて，さまざまな場で見る（場面転換）	・観察	●授業，学校行事，児童会活動，係活動，クラブ活動などさまざまな場面があるため，学級担任は，すべての場面で児童を見ることはできない。そこで，できる限りいろいろな場面で児童を観察することに日頃から心掛けるとともに，学級担任は，ほかの教師からの情報提供，補助簿の活用，児童や保護者からの聞き取りなど情報収集に努める必要がある。
児童の作品，作文などを通して見る（業績・作品評価）	・作品分析 ・観察 ・自己評価 ・質問紙	●児童の教科での作品（図画工作科や家庭科の作品など），学校行事後の作文や学年の最初に書かせる作文などから児童のもっている長所を見出す。児童自身の特技や芸術的才能，そして児童の考え方，ものごとの見方，表現力などの長所を見出すことができる。 ●文化祭や学芸発表会などを通して，新しい発見がある場合が多い。教科の中で行う自己評価や，学級活動などで行う学期末や学年末に行う反省アンケートの資料も，外からでは観察のむずかしい児童の内面理解（特に，興味・関心・意欲など）に役立つ。
児童一人一人との面接や会話を通して見る（会話・面接）	・面接 ・聞き取り	●小学校は学級担任制であり，学級担任は，毎日学級の全児童と話すチャンスがある。日頃から児童との会話を大切にし，人間関係をつくることを大切にする。また，「いつでも，どこでも，誰とでも面接をする。相談を受ける」ことを心掛ける。児童にもそのことを周知し，更に定期的に時間を設定して，面接をする。

視　点	評価法	具体的なポイント
ほかの教師からの見方,とらえ方を知りそれらを通して見る（情報交換）	・相互評価 ・事例研究	●一人の学級担任の見方，とらえ方は，ともするとその児童の断片的で部分的な点しかとらえていない場合が多い。ほかの教師がとらえるものとはまったく違うこともある。そこで，教師間や学年会の情報交換を通して，児童を多面的にとらえる。一人の児童について，何人かの教師で話し合えば，一人では気付かなかった側面や長所を知ることになり，その後の指導にも役立つ。
友達同士の相互評価を通して見る（相互評価）	・相互評価 ・質問紙	●児童にとって，友達との人間関係は重要である。相互の関係の中で，ほかの児童がその児童をどのように見ているのか，どのように評価しているのかという観点から，その児童の長所を見出す。 ●学校行事などへの取組みを通した「友達のいいところ探し」や，小集団での互いのよさについて伝え合う活動など。
児童の自己評価を通して見る（自己評価）	・自己評価 ・質問紙	●自分の長所を見出すことはむずかしいことだが，あえて自分のよさや可能性を自己評価させる。そこで挙げられた長所を教師として認め，受け入れて伸ばしていく。その際に大切なことは，「必ず，長所はある。長所がない人間はいない」ということを伝え，自分の長所を見付け出させることある。 ●エンカウンターによる振り返り（シェアリング）やキャリア教育の自己分析カード，総合的な学習の時間における自己評価カード（ワークシート，感想文など）もこれに当たる。
これからの可能性ある一人の人間として見る（可能性期待）	・観察	●小学生という段階は，まだまだ人間的にも未熟なときである。どんなに短所ばかり見える児童でも，発達途中であり，将来どのような可能性があるかわからない。児童を一人の人間としてとらえ，いまの状態ではなく，長い目で見てその児童の将来的な可能性から判断して長所を見出す。

視　点	評価法	具体的なポイント
地域や家庭などの学校外の生活の中で見る （学校外発見）	・面接 ・聞き取り	●学校生活で目立たない児童でも，地域の中の活動を通してジュニアリーダーとして活躍していたり，家庭内でよく家族を手助けしたり，家庭学習を自主的に実践していたりと，学級担任が把握できていない場面において，児童が長所を発揮している場合がある。 ●地域の方との懇談の中や，保護者との面談を通して，児童の長所を見出す。
一人の児童に注目し，総合的に観察して見る （事例研究）	・観察 ・記述分析	●観察する児童を一人と決めて，その児童の言動について，肯定的に観察する。いろいろな場面でどのように行動するのか，友達との関係はどうなっているのか，学校生活全般についてよく観察し，その中で児童の長所を見出す。
しかることよりほめることを通して長所を伸ばす （伸長）	・観察 ・行動分析	●児童の健全育成を目指すには，しかるよりほめたほうが効果がある。長所が見えにくい児童でも，日々の活動を通して少しでもほめる。そのことによってその児童が持っている長所が見えてくる場合がある。短所が長所として伸びていくこともある。
児童にさまざまな活動や場を与え，その中で児童の長所を伸ばす （場面発展）	・観察 ・相互評価 ・記述分析	●児童の長所を見出す方法として，計画的，意図的にいろいろな場面で活動の場・活躍する場を与えることがある。児童はそうした活動場面を通して，学級担任が考えていた以上のすばらしい活躍をすることがある。 ●学級活動，学校行事，係活動，児童会活動，日常の活動を通して，児童に自主的，実践的に活動する場面を与える。

●所見で使える表現一覧

自信がない子・臆病な子

言い換え ●控え目 ●思慮深い ●慎重 ●用心深い ●冷静 ●自制心がある ●自分に厳しく高い目標を持っている

励まし ●失敗は成功のもと ●案ずるより産むが易し ●一歩踏み出して ●失敗を恐れず ●小さな目標から始めて ●勇気を出して

主体的でない子・消極的な子

言い換え ●協調性がある ●人の意見を大切にできる ●慎重 ●サポート上手 ●縁の下の力持ち

励まし ●目標を持って ●自分から率先して行動することも考えて ●自分の気持ちを大切に ●チャレンジ精神を持って

慎重さを欠く子・計画性のない子

言い換え ●スピーディ ●思いきりがいい ●ひらめきがある ●大胆 ●豪快 ●おおらか

励まし ●急がば回れ ●焦らずゆっくり ●備えあれば憂いなし ●見通しを持って ●一歩一歩着実に

移り気な子・集中力の続かない子

言い換え ●好奇心旺盛 ●行動力がある ●活動的 ●視野が広い ●フットワークが軽い ●軽やか ●柔軟性がある

励まし ●ちりも積もれば山となる ●千里の道も一歩から ●継続は力なり ●石の上にも三年 ●地道に ●コツコツ ●じっくり

頑固な子

言い換え ●一貫性がある ●たくましい ●自己主張できる ●意志が強い ●芯が通っている ●向上心がある ●自分の意見を持っている

励まし ●肩の力を抜いて ●友達の意見も尊重して ●ときには歩み寄って ●別の角度からものごとを見て ●ほかの考えがないか自身で振り返って ●柔軟な姿勢で

すぐに感情的になる子

言い換え ●感受性豊か ●素直 ●正直 ●自分の意見を言える ●まっすぐ ●裏表のない

励まし ●落ち着いて ●相手の意見に耳を傾けて ●穏やかに ●一度立ち止まって ●短気は損気

授業中に騒がしい子・落ち着きがない子

言い換え ●元気がよい ●活発な ●のびのびしている ●素直 ●リラックスしている

励まし ●メリハリを持って ●目の前のものごとに集中できるように ●切替えができるように

明るい子・元気のいい子

言い換え ●朗らか ●明朗 ●快活 ●活発 ●陽気 ●気さく ●外交的 ●社交的 ●ユーモアがある ●いきいき ●活気がある ●エネルギッシュ ●バイタリティがある ●のびのびしている ●笑顔を絶やさない ●前向き ●友達と楽しく遊んでいる

勤勉な子・まじめな子

言い換え ●一所懸命 ●ひたむき ●計画的 ●一歩一歩 ●真剣 ●熱心 ●労を惜しまない ●努力家 ●がんばり屋 ●着実 ●まめ ●コツコツ ●課題意識・目標がある ●用意周到 ●几帳面 ●規則正しい ●きちんと ●けじめがある ●まっすぐ ●がむしゃら

主体性の高い子・リーダーシップのある子

言い換え ●自主的 ●自律的 ●自ら ●進んで ●率先して ●意欲的 ●面倒見がいい ●決断力・実行力がある ●人望が厚い ●先頭に立って ●頼もしい ●頼りになる ●人を引っ張って ●堂々

責任感のある子・粘り強い子

言い換え ●地道 ●コツコツ ●根気強い ●ひたむき ●持続力がある ●むらなく ●我慢強い ●くじけない ●全力を尽くす ●最後までやり遂げる ●あきらめない ●七転八起 ●妥協しない

意志の強い子

言い換え ●自制心がある ●周りに流されない ●左右されない ●信念がある ●自己主張できる ●初志貫徹 ●芯が通っている

温和な子・寛大な子

言い換え ●やさしい ●穏やか ●なごやか ●温厚 ●落ち着いている ●ものごとにとらわれない ●おおらか ●心が広い ●包容力がある

親切な子

言い換え ●やさしい ●あたたかい ●思いやりのある ●親身になって ●人に尽くす ●相手の立場になって考えられる ●気遣いできる

公平な子

言い換え ●公正 ●公明正大 ●正義感が強い ●視野が広い ●フェアプレー ●思慮深い ●分別がある ●多面的に考えられる

礼儀正しい子

言い換え ●気持ちのよいあいさつができる ●ルールを守れる ●言葉遣いが丁寧 ●律儀 ●規則正しい

発想が豊かな子

言い換え ●臨機応変 ●独創的 ●ユニーク ●柔軟 ●視野が広い

第2部 文例編

1 学習の所見文例
2 行動・特別活動の所見文例
3 特別な配慮を必要とする子どもの所見文例
4 子どもの状況別言葉かけ集

本書（2019年版）の特徴

　通信簿作成の第一義は学習の充実です。その学期における学習状況や成績などを保護者や本人に知らせ，進歩の状況や長所，短所などの確認を促し，今後の学習への動機付けや，学習に効果的に取り組むためのヒントを与えます。

　いっぽうで，教員の多忙化が叫ばれ，評価業務の効率化が課題です。今般，中央教育審議会『児童生徒の学習評価の在り方について（報告）』において，「各学校の設置者が様式を定めることとされている指導要録と，各学校が独自に作成するいわゆる通知表のそれぞれの性格を踏まえた上で，域内の各学校において，指導要録の『指導に関する記録』に記載する事項を全て満たす通知表を作成するような場合には，指導要録と通知表の様式を共通のものとすることが可能である」との見解が示されました。

　指導要録と通信簿の様式を共通化することは，教員の負担軽減につながるでしょう。ただし，二者の内容の一貫性を検討する際には，「観点別学習状況の評価を通信簿にどう記述するか」という視点が欠かせません。

　そこで本書は，今回の改訂版において，観点別学習状況に基づく文例の分類を更に強化しました。今版のおもな特徴は以下のとおりです。

○　特に意識させたい資質・能力に見合った，文例を選択できます
○　児童の様子，活動場面に応じて，文例を選択できます
○　評価観点別に文例を選択でき，指導要録と通信簿の一貫化に役立ちます

　なお，観点別評価に十分に示しきれない，児童一人一人のよい点や可能性，進歩の状況などについては，「日々の教育活動や総合所見等を通じて積極的に子供に伝えることが重要」という中央教育審議会『論点整理』の説明を踏まえ，「行動」（第2章）や「特別な配慮を必要とする子ども」（第3章）の文例，また「言葉かけ集」（第4章）の中で紹介しています。

参考文献：　中央教育審議会（2015）『教育課程企画特別部会における論点整理』
　　　　　　中央教育審議会（2019）『児童生徒の学習評価の在り方について（報告）』
　　　　　　無藤隆・石田恒好編著（2010）『新指導要録の解説と実務』図書文化

第1章 学習の所見文例

所見記入時の留意点

❶ 子どもや保護者に伝えたいことを日頃から収集し記録しておきます

　子どもや保護者に伝えたい情報やエピソードは，ふだんから記録しておきましょう。「よいところが一つもない子ども」は存在しません。個に応じた指導を丁寧に行い，子どものよさを引き出しておくことが大切です。

❷ 子どものやる気を引き出すようなエピソードを中心に記述します

　子どもの記録の中から，子どもが，最もやる気になるようなエピソードを選び，通信簿に記述します。具体的なデータを添えると説得力が増します。「さすが先生，目の付け所が違う」と言われるようになりたいものです。

❸ 課題を記述する際は，指導の方向性，家庭学習などのポイントを示します

　成果が不十分で再チャレンジが必要な課題について記述する際はまず，学校として考えている今後の指導の方向性を示します。その上で家庭学習等のポイントを伝え，教師がともに学び，全力で支援を続ける姿勢を示します。

❹ 一人一人の子どもの努力や進歩の状況を記述します

　個人内評価（その子どものよい点や可能性，進歩の状況についての評価）をし，そこから得られたその子どものよさを通信簿に表現します。1学期は学期中の変容の様子を，2学期，3学期は，学年当初の子どもの姿を基準にして現在の姿を記述すると，努力や成長の様子をうまく伝えることができます。

❺ 観点別評価の「主体的に学習に取り組む態度」に着目します

　指導要録の観点別評価は，「知識・技能」「思考・判断・表現」「主体的に学習に取り組む態度」の3観点をもとに行います。「主体的に学習に取り組む態度」については，「学習目標を自ら立てていたか」「進め方を見直しながら学習していたか」など，意思的な側面をとらえて評価し今後の学習につないでいきましょう。

❻ 子どもごとに書き分け，記述した文章は記録に残します

　子どもは，通信簿を見せ合います。また，家庭では，通信簿を長年にわたり保管し大切に扱います。本人の過去の通信簿や兄弟姉妹の通信簿と比べて「○先生は，いつも同じことばかり書いているね」と言われることのないよう，記述した文章は記録しておき，今後の参考として活用しましょう。

学習全体

学習成果 ▶ 学習成果が十分上がっている

子どもの様子
学習成果も学習態度も良好な子

[所見文例]

- 総合的な学習の時間で,「共生社会の在り方」を考えた際は,収集した資料をもとに自分の考えをまとめ,友達に意見を求めるなど,建設的な学習態度で臨んでいました。クラスの学習の質的な向上に貢献しています。
- 国語の「学級討論会をしよう」では,司会として賛成・反対,両者の意見を公平に取り上げ,合意点を見出し話合いを上手にまとめました。友達の心情や立場を察する力を発揮し見事でした。益々の活躍を期待しています。

 POINT

どのようなよさが見られたのか,具体的な事実をもとに評価する。その子のよさを更に伸ばすための新たな課題を示す。

子どもの様子
学習に意欲的に参加している子

[所見文例]

- 今学期のめあて「漢検3級合格」に向けて努力を積み重ねました。漢字テストがある日は,登校直後から集中して自習に取り組みました。問題集を入手してから,家庭学習の内容が更に充実し,意欲も高まっています。
- 1学期のうちに歴史マンガシリーズを読破し,自由研究ノートには,憧れの歴史上の人物について調べたことをまとめています。全国のお城巡りを家族で計画していることが,学校での会話に上っています。

 POINT

学習に意欲的に取り組んでいる様子を,具体的なエピソードを交えて伝える。家族で話し合い,来学期の目標を考える際の参考にしてもらう。

学習成果 ▶ 学習成果が十分上がっている

 子どもの様子
進んで調べ，自分で解決しようとする子

[所見文例]

 POINT

自ら学ぼうとする意欲や態度が高いことを，教科や単元名，学習場面などを示して，具体的な事実をもとに評価する。

- 国語の「なまえつけてよ」の学習では，主人公の心情などを叙述に即して読み取り，的確に表現しました。その後，作者への関心が高まり，学校の図書館の司書の支援を受け，研究が始まっています。学習意欲を今後更に高めていきます。
- 家庭科の「おべんとうをつくろう」の学習では，家族の好物や健康を考え，食材の選択や調理法を考えました。実際に家庭でつくったお弁当は，大好評でした。将来なりたい職業に新たに栄養士が加わりました。

 子どもの様子
学習成果が上がっているのに，やや自信がない子

[所見文例]

 POINT

積極的な取組みや，成果が上がっている事柄を具体的に取り上げて評価し，自信を持たせる。今後の指導方針を示し，来学期への見通しを持たせる。

- 自分向けのテストをつくり，満点を取るまで繰り返し挑戦しました。努力の成果が小テストの点数にも表れています。発表することに消極的な面がありますので，来学期は意見を発信することに挑戦していきましょう。
- 算数では，基礎・基本を固めるコースを自ら選び，着実に力を付けています。わからないことをその場で質問して解決する姿や，さまざまな解き方に挑戦する姿は，ほかの友達の模範にもなっています。この調子で力を伸ばしていきましょう。

学習全体

学習成果 ▶ 学習成果が十分上がっている

子どもの様子
自分に自信があり，友達との関わりも良好な子

[所見文例]

- 社会の国連の学習では「多様性を認め共通点を求めて努力することが大切」とノートに記し，話し合いで発表しました。このような発信する力に加えて，友達の意見を取り入れる力が高まるよう指導を続けます。
- 課題意識が明確で積極的に挑戦しようとする姿勢が見事です。問題解決能力は人との関わりの中で磨かれていくものです。友達に助言する，協力してものごとにあたるなどの機会を増やし，成長を支援していきます。

 POINT

自信があることや積極的な点を評価する。興味・関心の対象や学習へ取り組む姿勢は，人によって異なる。互いの違いを認め合い，協力する大切さを記述する。

子どもの様子
基礎的な力を備えているが，応用力に課題がある子

[所見文例]

- 話をよく聞き，学んだことをノートに丁寧にまとめています。今後は，興味・関心のある分野の本を読み，疑問はその場で調べ，さらに語彙を増やすとともに，学習や生活の中でも使っていきましょう。応用力が身に付きます。
- 自分が決めた目標の達成に向け，最後まで真摯に取り組む学習態度がりっぱです。今後は，興味・関心のある社会科において，得られた知識を活用して新聞づくりに取り組む機会を設定し，課題について多角的に考える力を養っていきます。

 POINT

学習の成果が表れていることを認め，評価する。習得した知識を相手にわかりやすく伝える活動を通して，思考力や表現力等を高めていくよう促す。

学習成果 ▶ 学習成果が十分上がっている

[子どもの様子]
知識は豊富だが，生活体験の幅が狭い子

[所見文例]

🖋 学校の栄養士から「地産地消」の話を聞き，地域の畑で生産する作物への関心が高まり，実際に見学に行きました。体験を通して身に付けた知識や力は定着しやすいものです。これからの学習にも，体験的な活動を適宜取り入れていきます。

🖋 地球温暖化の問題について豊富な知識を持っています。児童会で取り組んだ「電気をこまめに消す運動」をきっかけに，実践への意欲も高め，ごみの分別を呼びかけるポスターの作成を提案し，主体的に実行しました。今後も注目しています。

 POINT

豊富な知識を持っていることを高く評価する。直接体験を通して身に付けた力は定着しやすいことを知らせ，多様な体験活動に挑戦するよう促す。

[子どもの様子]
知的に優れているが，力を出し切れていない子

[所見文例]

🖋 江戸時代の文化について発表したとき，友達から「視覚に訴える資料があるとよい」との助言をもらいました。豊富な知識と持ち前の理解力が生かされ，最近は資料づくりにいっそうの工夫が見られます。この調子で取り組んでいきましょう。

🖋 身に付けている知識が豊富で，背景にある理論も理解しています。いっぽうで結果のみをとらえる傾向がありますが，実験などでは途中に起こるさまざまな現象に着目することも大切です。理由や根拠を検討することを，引き続き指導していきます。

 POINT

知的に優れている面について高く評価する。また学習の仕方を工夫することで伸びる面を具体的に示し，今後の学習に対する意欲を引き出す。

学習全体

学習成果 ▶ おおむね学習成果が上がっている

子どもの様子
努力を積み重ね，着実に力を付けている子

[所見文例]

- 子ども新聞のコラムを写し，自分の感想をまとめる学習に継続して取り組みました。その結果，読解力や表現力や社会の出来事に対する興味・関心が高まっています。取組みを続け，更に力を付けていきましょう。
- 新聞づくりや学習のまとめに丁寧に取り組み，完成度の高い作品を仕上げました。来学期は総合的な学習の時間で「未来の町づくり」について学習を進めます。身に付けた表現方法を生かして，他者に訴える資料づくりに挑戦してください。

POINT

努力の状況や得られた成果を具体的に記し評価する。また，身に付けた力を活用できる場面等を提案し，今後の学習に向け，意欲を高めていく。

子どもの様子
体験的な学習に意欲的に取り組む子

[所見文例]

- 移動教室では「野鳥観察」をテーマに，事前学習や現地での観察に，進んで取り組みました。○さんは，現地で撮影した動画や写真を活用し，学習の成果や自分の思いや願いを効果的にまとめ，発信していました。
- エコクッキングの実習で外部講師の「野菜に捨てるところはない」の言葉を，深く心に残していました。早速，実践をはじめ，生ごみの減量に成功しているとの報告を受けました。行動力のある○さんならではの取組みです。

POINT

行動力のよさや，取組みの中でよかった点について具体的に伝える。体験を通して得た感動をもとに起こした次の行動があれば，あわせて記述する。

学習成果 ▶ おおむね学習成果が上がっている

子どもの様子
予習・復習や学習準備に主体的に取り組む子

[所見文例]

- 意味調べや復習のノートまとめが習慣化し，学習の成果となって表れています。また，授業中の発言も多くなり，集中する時間も長くなっています。更に予習・復習の内容が充実するよう，引き続き助言していきます。

- 日々，宿題を確実に行うことに加え，自ら発展問題に取り組んでいます。また，連絡帳にメモをとり，見通しを持ってものごとに臨んでいます。学習への準備が習慣化し，充実した学校生活を送っています。

 POINT

予習・復習の習慣を身に付け，学校での学習活動によい影響を与えていることを具体的な事例を通して知らせる。家庭での取組みを継続するために，協力を依頼するのもよい。

子どもの様子
やればできるのに意欲が続かない子

[所見文例]

- 俳句の学習では，ひらめいた言葉をもとに次々と作品を完成しました。外部の指導者から筋のよさを評価され，意欲が高まっています。○さんは言葉のセンスが抜群です。来学期は一日一句を目標に，創作に取り組むことを計画しています。

- ○さんのつぶやきをきっかけに，学級全体の学習が深まっています。○さんの発想にはきらりと光るものがあります。ひらめきを自分の力として定着させるためには，日々の努力を続けることが大切です。来学期に挑戦していきましょう。

 POINT

本人が気付いていないよさを取り上げ評価する。もう一歩の努力で，いま以上の成果が上がることを知らせる。自分の可能性に気付けるよう，働きかけを行う。

学習全体

学習成果 ▶ おおむね学習成果が上がっている

子どもの様子
理解は早いが，知識の定着に課題がある子

［所見文例］

- 学習内容の飲み込みが早く理解力に優れ，学んだ直後はすらすらと問題を解くことができています。問題内容や活用場面が変わっても正解できるよう，家庭で復習する際に類題や一度間違った問題を解くことを勧めています。

- わからない言葉があると，国語辞書を使って手際よく意味調べを行っています。ただし，意味を知るだけではなかなか定着しません。言葉の意味を真に理解し使えるようになるために，文脈の中で意味をとらえることを指導していきます。

 POINT

飲み込みが早く，理解力があることを評価する。理解した内容を自分のものにするためには，反復練習や応用問題への挑戦など，地道な努力が必要であると伝える。

子どもの様子
学習の仕方やスキルに課題のある子

［所見文例］

- インターネットを活用し，短時間で多くの資料を集めています。雪舟についての調べ学習を通して，「ネット上の情報がすべて正しいとは限らない」ということに，気付きました。根拠となる資料の出典を確認するよう指導しています。

- 家庭学習として，ドリル学習に熱心に取り組み，着実に力を付けました。来学期は次の段階に進み，算数の文章題や問題づくりに取り組んでいくことを勧めています。学習の幅を広げ，更なる成長を目指しましょう。

 POINT

これまで築きあげてきた学習スタイルを認める。その上で，新たな方策を複数提示し，本人に選択させる。学習意欲を保ちつつ，基本的な知識や技能の定着をはかる。

学習成果 ▶ おおむね学習成果が上がっている

子どもの様子
現状に満足してしまっている子

[所見文例]

- 音読練習に力を入れ、学期当初の目標を達成しました。身に付けた力をもとに、来学期は保育園での読み聞かせに参加するなどの高い目標を掲げ、更なる成長を遂げられるよう支援していきます。
- 外部の方を講師に招いた出前授業で、自分の将来に多くの可能性があることを学びました。将来の夢が具体的になってきたところで、いま持っているよさに磨きをかけるために、一段高い目標を設定し、一緒に努力を続けていきましょう。

学習効果を着実に上げている点を評価した上で、自分のよさを更に高めていくための目標を設定し、努力を続ける大切さを伝えていく。

子どもの様子
基礎・基本の力を確実に身に付けている子

[所見文例]

- 分数のわり算では逆数について理解し、正しく計算できるようになりました。間違えたときはノートで学習を振り返り、逆数をかける理由を繰り返し確かめるように指導しています。今後は応用問題にも積極的に取り組ませていきます。
- 基礎的な知識や技能を身に付け、順調に学力を伸ばしています。いまの○さんの力であれば、基礎的な問題の繰り返しに加え、応用問題に取り組むことが効果的です。来学期は、一緒に挑戦していきましょう。

基礎・基本の力を身に付けるために積み重ねてきた努力を評価する。今後は課題解決型の学習を通して、基礎・基本の力を活用する機会を設けていくことを伝える。

`学習全体`

学習成果 ▶ 学習成果が不十分

[子どもの様子]
努力に見合った学習成果が上がっていない子

[所見文例]

◆ 努力が見られますが，思うように成果が上がらないことをもどかしく思っていることでしょう。今学期○さんが始めた取組みで「疑問点はその場で解決」はよいものですから，継続してください。来学期は個別課題にも挑戦していきましょう。

◆ 家庭学習が習慣化し，宿題を忘れることなどはありません。基礎的な学習の積み重ねに加え，応用的な学習にも取り組むと，学習効果が高まっていきます。学習方法も適宜見直しながら，学力アップに向けて挑戦していきましょう。

POINT

現在の状況を具体的に知らせ，これまで積み重ねてきた努力を評価する。よりいっそうの成果を上げるための方策を具体的に示し，子どもの主体性を引き出す。

[子どもの様子]
努力の経験が少ない子

[所見文例]

◆ 多角形の角の大きさを求める学習で，○さんの独創的な考えが広く支持されました。学習の積み重ねによりひらめきを力として定着させることが○さんの課題です。タブレットを使ったよい学習法があります。来学期，挑戦していきましょう。

◆ 今学期は体育で鉄棒への苦手意識を克服しました。努力が報われたときの気持ちを，ほかの教科や場面でも味わえるよう支援を続けます。来学期は算数で新たな目標を定め，一緒に挑戦していきましょう。

POINT

潜在的に力を持っていることを評価する。また，これまで最後まで粘り強く取り組むことによって得られた喜びや楽しさが想起できることを記述する。

学習成果 ▶ 学習成果が不十分

子どもの様子 集中力が十分でない子

[所見文例]

- 図画工作や音楽などの表現活動に集中して取り組む姿勢が，よい結果を生んでいます。苦手意識がある教科でも集中力を発揮すれば，必ず成果は上がります。5分間から始め，集中できる時間を徐々に延ばしていきましょう。
- 集中力の向上が○さんの課題です。得意分野が増えれば集中できる場面も増えます。今学期は得意な歴史学習を通して難解な漢字の読み書きができるようになりました。来学期は弁当づくりの経験をもとに食生活の学習に取り組んでいきましょう。

POINT
長所を評価しつつ，集中力を高めていく必要があることを確認する。来学期の目標に「集中力の向上」を掲げることを提案し，具体的な方策を示す。

子どもの様子 学習のペースが遅い子

[所見文例]

- ○さんの長所は，なにごとも丁寧に取り組めることです。集中の末，書き上げた書写の作品は見事でした。いっぽうで決められた時間内に遂行すべき学習課題もあります。長所を生かしつつ学習を遂行できるよう，今後も支援を続けていきます。
- 自分のペースでじっくり取り組む粘り強さがあります。いっぽうで，図画工作の時間，時間内に納得のいく作品を仕上げられず悔しい思いをすることがありました。○さんのよさを生かしながら時間を意識して取り組めるよう，見守ります。

POINT
作業は丁寧で完成度が高いことを認め，自信を持たせる。決められた時間内にやり遂げるための工夫を具体的に伝え，学習への意欲を高める。

学習全体

学習成果 ▶ 学習成果が不十分

子どもの様子　自分なりの方法で粘り強く取り組んでいる子

[所見文例]

- 来年入学する弟さんのために名前入りのティッシュカバーをつくりました。放課後の時間も使い,見事な作品を仕上げました。課題に集中して取り組めるのは〇さんの長所です。自分のよさを生かしつつ,苦手な学習にも挑戦していきましょう。
- 校外の発表会に学校代表として参加した際に,メモを片手に熱心に耳を傾ける〇さんの姿がすばらしいとの評価を受けました。来学期は発表メモのつくり方を身に付け,発表する力にも磨きをかけていきましょう。

 POINT

自分なりの方法で努力し,学習内容を理解していることを伝える。粘り強さは長所であり自信を持つよう励ます。

子どもの様子　要領がよくないため,創意工夫不足に見られてしまう子

[所見文例]

- 歴史新聞づくりでは,友達から好評を得ました。ほかの作品も参考にして,年表にイラストを取り入れたのがよかったと思います。〇さんは絵を描くのが得意ですから,自分のよさを生かして更に学習を深めていけるよう,指導していきます。
- 地域の福祉施設でのさまざまな体験を,長文のレポートにまとめました。情報を伝える相手に応じて表現方法を工夫したり写真やイラストを用いて視覚的に訴えたりすると,より説得力のある作品になります。来学期は一緒に挑戦してみましょう。

 POINT

地道に努力している姿勢を認める。友達の取組みから得たヒントを生かし,成功した実践があれば想起させる。今後の可能性を示唆し,学習への意欲を高めていく。

学習成果 ▶ 学習成果が不十分

[子どもの様子]
グループ学習で友達頼みになってしまう子

[所見文例]

- グループ学習の際，○さんが記していたメモが，学習をまとめる際の有効な資料となりました。○さんのユニークな視点が加わると，みんなの学習がもっと深まります。来学期も，いっそうの活躍を期待しています。

- 算数では，ヒントカードなどを参考に練習を繰り返し，自分なりに解き方のコツを導いていました。今後はペアやグループでの学習に取り組む中で，互いの考えを交流して深め合い，○さんのよさが更に伸びるように，指導していきます。

 POINT

グループの学習課題を達成するために，協力し成功した経験を想起させる。活躍する場面を用意していることを知らせ，主体的な活動への意欲と責任感を高める。

[子どもの様子]
テストの点数で意欲が大きく左右される子

[所見文例]

- 今学期はテストの点数に努力の成果が満足いくほどには表れず，悔しい思いをしました。ただし学習はテストの点数がすべてではありません。来学期は納得のいく点数を目指すとともに，「わかる手ごたえ」を味わうことも指導していきます。

- 歴史のテストで全問正解が続いています。テストで良い点を取るのは大切ですが，学習のゴールではありません。次の目標は，さまざまな資料を分析し，考えをまとめる力の向上です。図書館を活用し，スキルアップに挑みましょう。

 POINT

子どものよさや努力の状況を具体的に知らせる。来学期の目標を立てる際の参考となるよう，今後の指導の方向性を示す。

学習全体

学習成果 ▶ 学習成果に偏りやむらがある

子どもの様子
不得意な教科を克服するために努力している子

[所見文例]

- 国語への苦手意識を払拭しようと，俳句とその解説文を創作する活動に熱心に取り組み，国語の表現力が向上しました。創意工夫に富んだ活動であったため，友達の間で話題になり，学級で俳句ブームが起こっています。

- マラソンに取り組む姿勢のすばらしさには，目を見はりました。放課後の特別練習を皆勤し，体力とスピードを向上させました。ものごとに集中して取り組むことで得られる喜びや楽しさを実感し，自信を付けました。頼もしい限りです。

 POINT

努力の状況を具体的に記し，成長した姿を評価する。成長の要因を明示することにより，子どもの意欲を高め，努力が継続できるよう支援する。

子どもの様子
得意・不得意の差が大きく，学習成果に偏りがある子

[所見文例]

- 学校周辺の木々や植物の微妙な変化をとらえ発表するなど，理科の向上が著しいです。苦手意識のあった音楽についても，ビバルディの「四季」の鑑賞をきっかけに関心を高め，合奏にも積極的に取り組むことができました。

- 「未来の町づくり絵画の部」の入賞おめでとうございます。豊かな発想力と根気強さは，どの教科にも必要とされる力です。この成果を糧として，苦手教科の克服にもねらいを定め，努力を少しずつ積み重ねていきましょう。

 POINT

得意とする教科に対する意欲的な態度を認め，本人のよさとして評価する。苦手意識のある教科への関心も徐々に引き出していけるよう，いまできていることを記述する。

学習成果 ▶ 学習成果に偏りやむらがある

子どもの様子
運動への苦手意識を払拭しようと努力している子

[所見文例]

✎ 児童会のドッジボール大会では，最後の一人となりチームに勝利を導きました。これを契機にボール運動に対する意欲が高まり，休み時間の練習に自ら参加するなど，積極的な姿勢が見られるようになりました。

✎ 運動好きの友達に誘われ，町のマラソン大会への参加を決めました。その後，体育の授業で行った3分間走の記録を毎時間更新し，休み時間は，校庭を1周走ってから遊んでいます。今後の成長を楽しみにしています。

 POINT

体育の授業に限らず，運動に親しむことができた機会を取り上げ，肯定的に記述する。自主的な取組みがあれば，あわせて記述する。

子どもの様子
得意教科でしか努力しようとしない子

[所見文例]

✎ 国語と算数に苦手意識があるようです。しかし，○さんがこれから成長していくために，いまはできるだけバランスよく学力を身に付けてほしいです。これからも必要な力をはぐくむための学習機会を設け，支援を続けます。

✎ 教科学習が得意な○さんです。道徳や学活の時間に意見を発表し，友達との関わりの中で自分の考えを深めていく力も，大切な学力です。新しい社会の担い手として，知・徳・体のバランスがとれた力を身に付けることを期待しています。

 POINT

中学校に進学するまでに，小学校の学習内容を確実にすることを促す。また多様な進路選択を可能にするためにも，バランスよく学習するよう伝える。

学習全体

学習成果 ▶ 学習成果が上がった／下がった

子どもの様子
大きく成長した子

[所見文例]

🖊 毎日の努力が実を結び，児童会会長として大きな成長を遂げました。中でも，児童会でのあいさつは，聴衆の心を打ちました。明確な課題意識のもと，今後を見通した指針と，やる気と思いやりの心に満ちた，すばらしいものでした。

🖊 自信に満ちた発言や，友達への建設的な質問が多くなり，クラス全体の学習をリードする存在になっています。成長の背景には，板書を写したノートに，学習のポイントや自分の考えを書き加え，復習に活用する努力がありました。

 POINT

本人の努力を高く評価し，今後の見通しを持たせる。大きく成長した理由を明らかにし，今後の更なる成長を遂げるための手掛かりとさせる。

子どもの様子
飛躍的に成長した教科がある子

[所見文例]

🖊 自由研究として社会科を選び熱心に取り組みました。歴史上の人物を取り上げ，人柄が表れているエピソードや時代的背景などを調べました。ものごとを多角的にとらえる力は，他教科の学習にもよい影響を与えています。

🖊 タブレットを用いた個別学習に熱心に取り組み，算数の成績を大きく向上させました。間違えた理由を理解した上で，類題に数多く取り組んだことが，成長につながりました。この成果がほかに波及していくよう，指導を続けます。

 POINT

苦手意識の克服や得意教科に磨きをかけるためのがんばりを認め，評価する。今後，更に努力するポイントを示し，ほかにもよい影響を与えられるよう，意欲を引き出す。

学習成果 ▶ 学習成果が上がった／下がった

[子どもの様子]
全体的に成績が下がった子

[所見文例]

🖋 健康の回復が第一です。いまは十分に休養をとり，英気を養いましょう。学習については，本来○さんが持っている力を発揮できるよう，養護教諭とも連携し，全力で支援を続けます。どのように進めていくのがよいか，休み明けに相談しましょう。

🖋 今学期は本来の力を発揮できなかったかもしれません。相談してくれた悩みについては，これからも話を聞かせてください。来学期はスクールカウンセラーとも連携して，○さんが安心して学習活動に取り組めるよう，全力で支援していきます。

 POINT

成績が下がった原因を分析しておく。その上で，今後の取組みの見通しを伝える。場合によっては，専科教員やスクールカウンセラーと連携していくことを伝える。

[子どもの様子]
急に成績が下がった教科がある子

[所見文例]

🖋 今学期の社会科見学のレポートは，○さんが思うようにまとまらなかったようです。来学期は，新聞記事を紹介する活動に挑戦することをお勧めします。社会科のおもしろさを感じられる学習です。意欲的な取組みに期待しています。

🖋 鉄棒の学習においてつまずきがありましたが，最近では，友達の協力を得て休み時間の自主練習が始まっています。この調子で努力を続ければ，きっと成績も上向くはずです。できる喜びを味わえるよう，個別指導を工夫していきます。

 POINT

原因を分析した上で本人のよさや努力を認め，成績向上に向かう意欲を高める記述をする。子どもの主体性を尊重し，めあての達成に進んで取り組むことを促す。

学習全体

学習への取組み方 ▶ 意欲・積極性

子どもの様子
好奇心・探究心が旺盛な子

[所見文例]

- 社会科で伝統工芸について学習したとき，職人の工房を訪れ納得いくまで質問し，更なる疑問はパソコンを使って調べました。職人の方から，○さんの礼儀正しさや研究熱心さが評価され，課題追究の意欲がいっそう高まっているようです。
- 好奇心や探究心が旺盛で，何にでも挑戦してみようという意欲的な姿勢があります。総合的な学習の時間では，○さんの質問や発想が周りの友達に影響を与え，結果として，学級全体の学習内容を質的に高めています。

 POINT

挑戦したいことが豊富にあり，意欲的な姿勢が，学習によい影響を与えていることを伝える。具体的な事例を示してよさを認め，励ましていく。

子どもの様子
不得意な教科に学習意欲がわいてきた子

[所見文例]

- 体育の肩倒立では，つま先までぴったりとそろった演技ができるようになり，みんなの手本となりました。努力を積み重ねれば，必ず成果が上がることを実感し，体育への学習意欲と自信が同時に高まっています。
- 憲法や選挙についての学習で，自分で課題を設定し，調べて考えをまとめる活動に取り組み，やりがいを感じたようです。「社会科＝暗記」とは限りません。新たな課題を設定し追究する学習に挑戦することを指導していきます。

 POINT

努力して，苦手意識を持っていた学習を克服しつつある状況を伝える。克服のきっかけとなった出来事を分析し，努力を継続する際のヒントを伝える。

学習への取組み方 ▶ 意欲・積極性

子どもの様子
好奇心や探究心が高くない子

[所見文例]

- ごみの減量をテーマに,広告の裏を使ったメモ帳づくりチームの一員として活動し,友達からも信頼されています。次は○さんの発案によるプロジェクトが実現できるよう,日頃からアイデアを蓄えておきましょう。

- これまでに身に付けた基礎・基本の力を活用し,創造力の向上を目指してほしいです。総合的な学習の時間は,○さんのアイデアをかたちにする絶好の機会です。意欲的な課題が設定できるよう,サポートしていきます。

 POINT

与えられた課題を解決するために,力を発揮できていることを評価した上で,今後は自分で見付けた課題を解決する学習にも取り組ませることを伝える。

子どもの様子
やればできるのに,自信がない子

[所見文例]

- 国際交流の「感謝の集い」では,司会として英語を交えながら進行し,イベントの成功に大きく貢献しました。この経験を生かし,来学期に取り組む予定の家庭学習では,英会話に挑戦してみましょう。応援しています。

- 提示された課題について,教科書の資料を用いて自分の考えを論理的にまとめています。来学期は,自分でテーマを決め,情報を集めて分析し,考えを深めていく学習を指導していきます。一緒に挑戦していきましょう。

 POINT

きっかけさえつかめば,伸びる可能性が十分にあることを伝える。自分にもできそうだと思える支援の方策を具体的に示して子どもの意欲を高めていく。

学習全体

学習への取組み方 ▶ 意欲・積極性

子どもの様子 まじめに努力するが，自信がない子

[所見文例]

- 体験的な学習の活動記録を資料に残し，学習のまとめの場面で活用していました。このような努力が友達からも認められています。来学期も○さんのよさを発揮できる場がたくさんありますから，意欲的に取り組んでいきましょう。

- 家庭学習を計画的に進め，基礎的な学力を身に付けることができました。授業にも集中して臨み，理解を深めています。今後は，グループ学習などで自ら発言することや，友達との交流そのものを楽しむ余裕を持てるよう，支援していきます。

 POINT

まじめに努力を続け，ものごとをやり遂げている姿を評価する。子どものよさを記述し，自己肯定感を高めることにより，積極性をはぐくんでいく。

子どもの様子 授業の内容がわかっていても，なかなか発言しない子

[所見文例]

- どの教科の学習もよく理解し，知識を定着させています。ノートの内容やグループでのやり取りでも，自分の考えをしっかり形成することができています。来学期も積極的に指名しますので，発言の回数を増やすことに挑戦していきましょう。

- 算数では，自分で考え解法を導き出していました。○さんの考えをまとめた資料を掲示すると，多くの友達が感心し見入っています。来学期も活躍する場面がたくさんありますから，積極的な発言を期待します。

 POINT

学習の理解が，順調に進んでいる状況を評価する。自分の思いを伝えるとともに，友達の多様な意見を取り入れ，考えを深めていくことが大切であると伝える。

学習への取組み方 ▶ 意欲・積極性

子どもの様子
積極的に挙手するが，発言の内容に深まりがない子

[所見文例]

🔖 どのような場面でも，最初に手を挙げ発言する姿勢がすばらしいです。今後は考えを深めることが○さんの課題ですが，そのためには，友達の意見を参考にすることが有効です。来学期は，友達の意見を踏まえて発言することに挑戦しましょう。

🔖 積極的に○さんが発言してくれるため，教室に活気があります。学期末に発言内容をより深めていくための取組みを始めました。来学期も，キーワードや友達の意見をメモするなど，書く活動を取り入れた指導を続けます。

 POINT

全体の前で発言できる積極的な姿勢を評価する。発言の内容を深めていくには，友達の意見を参考にすることが有効であること，今後も指導を続けることを伝える。

子どもの様子
積極的だが，他人の立場を肯定的にとらえられない子

[所見文例]

🔖 どの授業においても積極的に発言し，理解も深まりました。グループ活動では，自分以外の友達の意見を取り入れることが，よりよい話合いであることを学びました。実際の場面に生かせるよう来学期も指導を続けます。

🔖 なにごとにも積極的に取り組む○さんです。今学期は，レポートの作成に苦戦していた友達に，資料を提供するなど手助けをしていました。人として尊く，切磋琢磨にもつながるよい行いでした。このような行為を来学期も続けていきましょう。

 POINT

発言が多いなどの積極性は，長所であると伝える。また，グループ活動での関わりの中で，切磋琢磨したり，友達のよさを認められたことを取り上げる。

学習全体

学習への取組み方 ▶ 集中力・根気強さ

子どもの様子 集中して学習に取り組んでいる子

[所見文例]

- 図画工作では，時間を有効に使い，集中して制作活動を進めています。作品の完成度も高く，その取組み姿勢は，クラスのよき手本となっています。ほかの教科においても，実力を発揮できるよう支援します。
- 自主学習で取り組んできた漢字学習の成果が表れ，朝学習で取り組んだ「マラソン漢字テスト」では，クラスで最速でゴールに到達しました。来学期は，他教科の内容を目標に設定し，活躍の場を広げていきましょう。

 POINT

集中して学習していることを認め，それが成果につながっていることを知らせ，学習意欲を高める。集中力を生かして活躍の場を広げていくことを意識させる。

子どもの様子 困難な課題に粘り強く取り組む子

[所見文例]

- 困難に出合ってもあきらめず取組みを続ける力があります。グループの話合いで意見が対立したときも，共通点を見出そうと何度も話合いを行いました。粘り強さが評価され友達からの信頼を集め，リーダーとして慕われています。
- 水泳の1級の合格という高い目標設定に対して，努力を積み重ね，見事に達成しました。夏休みの特別講習に参加するとともに，検定試験に何度も挑戦するなど，その前向きな姿勢は，みんなの手本となっています。

 POINT

困難な課題にも積極的に取り組み，あきらめずに努力を続けている姿勢を評価する。明らかになっている成果を具体的に伝え，学習意欲を高めていく。

学習への取組み方 ▶ 集中力・根気強さ

子どもの様子
根気を必要とする作業に粘り強く取り組む子

[所見文例]

🖋 自ら立案した学習計画に沿って,努力を続けています。わからないときは学習を振り返り,学年を遡ってやり直すなど,取組み姿勢がすばらしいです。この調子で更に力を伸ばしていきましょう。質問は遠慮なく行ってください。

🖋 新聞各社が,同じ出来事をどう取り上げているか調べる学習に取り組みました。電話インタビューを行うなど,納得がいくまで課題を追究した結果,社会に対する理解が深まり,興味・関心の幅が広がっています。

 POINT

日々の粘り強い努力の積み重ねが,学習の成果につながっていることを知らせる。今後,益々成長する可能性が十分にあることを伝え,自信を持たせる。

子どもの様子
授業以外のことに興味・関心が移りがちな子

[所見文例]

🖋 頭の回転が早く,学級に活気をもたらす頼もしい存在です。○さんの課題は授業への集中が途切れがちなことです。一つのものごとに取り組んでいる際に違うアイデアが浮かんでくるときは,メモを取り別の機会に改めて考えるよう助言していきます。

🖋 知識の幅が広く話がおもしろい○さんです。授業中,友達との会話が弾み,学習内容から集中が逸れてしまうことがありました。セルフコントロールできるよう,アイコンタクトを取りながら指導を続けています。

 POINT

興味・関心が多方面にわたる子どもの状況を肯定的にとらえ評価する。集中力に課題がある場合は,具体的な対策や指導内容についても記述する。

> 学習全体

学習への取組み方 ▶集中力・根気強さ

子どもの様子
困難にぶつかると，あきらめがちな子

[所見文例]

- 来学期は朗読発表会があります。音読練習を積み重ね，○さんの明るい声が響き渡ることを期待しています。サッカーでは，連敗で意気消沈している友達に励ましの言葉をかけていました。○さんなら朗読にも前向きに取り組めるはずです。
- 交流会に向けた練習がうまくいかず先行きが心配されましたが，○さんの働きかけで放課後練習が実現し，更に○さんのあきらめない姿勢に触発されて，グループ全体の士気も高まりました。更なる活躍を期待しています。

POINT

その子の得意分野で，前向きに取り組めていたエピソードを取り上げる。得意分野での成功体験を生かすことや，苦手分野でも必ず成長できることを伝える。

子どもの様子
不注意によるミスが多くあり，実力を発揮していない子

[所見文例]

- 小数の乗法・除法の計算方法を理解し，正しい答えを導いています。時間に制限があると，焦る気持ちが生まれ，計算ミスが出ています。気持ちを落ち着かせ計算のポイントを確認するためのヒントカードを用意し，学習を支援していきます。
- 実力が適正に評価されるには，テストの不注意など，ミスをなくすことが必要です。問題をよく読んでから答える，答えが出たら見直しや検算を行うことを指導しています。落ち着いて取り組めば，成果が上がります。

POINT

理解力は十分にあるものの，見直し等が足らずに，間違えてしまう状況があったことを知らせる。検算など，繰り返し確認する習慣を身に付けるよう助言する。

学習への取組み方 ▶ 集中力・根気強さ

 子どもの様子
じっくりと時間をかけて考えるのが苦手な子

[所見文例]

- 絵本の読み聞かせに参加してから,読書に対する興味・関心が高まりました。「集中することが苦手」と言っていましたが,学期末には3冊の絵本を一度に選び1時間ほど読んでいても,集中力が途切れることはありませんでした。
- 正しい文章力を身に付けている○さん。ゲスト講師に感謝の気持ちを伝えるために,何度も見直しながら,心のこもった手紙を書き上げました。来学期も,じっくりと課題に取り組み,努力を積み重ねる機会を増やしていきます。

 POINT

基礎的な学力が身に付いていることを評価する。この力を活用し更に活躍するためには,課題追究に必要な思考力や判断力等を育成する必要があると伝える。

 子どもの様子
授業中に集中力が途切れると,離席してしまう子

[所見文例]

- 今学期から「心の体温計」を用意し,集中力が途切れる前に知らせてもらう取り決めを行いました。報告をもとに教材を切替えたりする中で,少しずつ集中する時間を延ばせるようになり,離席も減っています。
- 論理的な思考力に優れています。作業がともなう学習は,10分に1回リラックスタイムを設けることで,集中力が持続しています。ご家庭での様子もお知らせいただき,学校での指導に役立てたいと考えています。

 POINT

離席の原因を探りながら,指導の方針を検討する。家庭からの要望を受け止めるとともに,専門機関との連携をはかり,子どもの支援を行っていく。

`学習全体`

学習への取組み方 ▶ 自主性・主体性・計画性

子どもの様子
めあてを持って学習に取り組む子

[所見文例]

- 事前に予想や質問を用意し、自動車工場の見学に臨みました。インタビューや調査の結果等を盛り込んだ新聞を作り見学先に送ったところ、工場のホームページに掲載されました。社会科学習への意欲がいっそう高まっています。

- 総合的な学習の時間では、各国の食文化について調べ、和食は健康によいとされ海外でブームになっていることを知りました。来学期も課題探究型の学習を用意します。○さんの意欲的な取組みを期待しています。

POINT
疑問に思ったことや感心したことなどをもとに、自ら課題を設定する力が付いていると伝える。課題探究型の学習を経験させ、主体性を更にはぐくんでいくことを伝える。

子どもの様子
学習に主体的に取り組んでいる子

[所見文例]

- 総合的な学習の時間の中間発表会では、ほかのグループの発表に関連のある新聞記事を持参するなど、積極的な学習姿勢が見られます。今後も自らテーマを設定し課題を追究する学習に取り組んでいけるよう、支援を続けていきます。

- マスコットを作り、ボランティア先に届ける取組みを続けています。入所者の方々が○さんの訪問を心待ちにしているという知らせが届いています。思いやりの気持ちが確実に伝わり、人間関係が深まっています。

POINT
進んで学習に取り組めた姿を、具体的なエピソードとともに記述する。また、自主的・主体的な学習への意欲が更に高まる助言をする。

学習への取組み方 ▶ 自主性・主体性・計画性

子どもの様子
学習の準備や後片付けに進んで取り組む子

[所見文例]

✎ 体育や理科の実験では率先して活動に取り組み、手際よく準備や片付けを行っています。○さんの意識の高さが行動に表れています。友達からの信望も厚く、テキパキとみんなのために動く姿がクラス全体によい影響を与えています。

✎ 調理実習では、率先して準備・調理・片付けという一連の活動に取り組みました。日頃の家庭での経験と、○さんの関心・意欲の高さの表れです。前向きな姿勢が技能の向上にもつながり、彩りよく、栄養のバランスがとれたお弁当ができました。

 POINT

具体的な事例を通して、活躍の様子を伝える。人の見ていないところでも準備や後片付けをやり遂げる姿が、友達にもよい影響を与えていると伝える。

子どもの様子
学習への主体性が低い子

[所見文例]

✎ テスト結果から、各教科の理解が進んでいることがわかります。今後は宿題に取り組むだけでなく、応用問題や新出漢字を使った短文づくりなど、自分で選んだ学習にも積極的に取り組んでいくとよいでしょう。

✎ 図書の時間に、科学の分野の本を次々に読んでいます。読書を通して、学習への意欲が高まり、○さんの活躍場面が広がっていきます。来学期はボランティア活動に取り組む予定ですが、絵本を読んでおくと役に立つと思います。

 POINT

既習内容の理解度を知らせた上で、その子に応じた学習方法を提案する。課題や学習方法を自分で選択し、積極的に取り組むと、定着度が高まっていくことを伝える。

学習全体

学習への取組み方 ▶ 自主性・主体性・計画性

子どもの様子 周りの人に頼りがちな子

[所見文例]

- 資料に基づき日本の農業の特徴をまとめました。グループで異なる意見が出されたときにも，根拠となる資料を示して相手を納得させることができました。この経験をもとに，来学期も自分の意見を明確に表せるよう支援します。
- インゲンマメの世話と観察を継続して行い，クラスで植物博士と呼ばれるまでになりました。根気強さは，すべての学習に必要とされる力です。来学期は自らテーマを選択する学習があります。意欲的な取組みを期待しています。

 POINT

自分のよさや主体的にできることに気付いていない場合がある。自分のよさや努力の結果，成功した体験があることを想い起こさせ，自信を持たせる。

子どもの様子 指示がないと行動できない子

[所見文例]

- 地区班の班長として責任を果たし，年下の児童からも信頼を得ています。総合的な学習の時間では，リーダーとしてグループの活動を計画的に進めています。来学期も○さんが活躍できる場面がたくさんあります。主体的な取組みを期待しています。
- 児童会の役員に推薦され，その責任を見事に果たしています。学習に対しても積極的に取り組む姿が多くなりました。今学期の成果を自信に，来学期も活躍できそうな場面を見付けて，○さんの実力をどんどん発揮していきましょう。

 POINT

責任を持ってできている点を具体的に取り上げて認めた上で，今後も活躍の場面がたくさんあることを伝え，主体的な取組みを促す。

学習への取組み方 ▶ 自主性・主体性・計画性

子どもの様子
学習への準備が不十分な子

[所見文例]

🖉 学習に取りかかろうとしても，ノートなどの学習用具が手元になく，自分が思い描いたような活動が進められないことがありました。連絡帳の確認を促すとともに，持ち前の表現力や想像力が発揮できる学習環境を整えていきます。

🖉 学校の授業と放課後の活動を両立させるには，時間を効率的に使うことが必要です。忘れ物ゼロを目指し，起床から家を出るまでの時間帯に，持ち物点検を行うことを，○さんと話し合って決めました。

 POINT

家庭環境や受験勉強などの不安から，学校生活へ意欲的に臨めていないことも考えられる。所見では事実の指摘に留め，個別の実態を把握してから，指導にあたる。

子どもの様子
学習の準備や後片付けが不得手な子

[所見文例]

🖉 机上の整理を行った後，学習に臨んだところ，集中力が高まりました。来学期は，学習準備から片付けまでの作業が円滑に行えるよう，手順カードを用意して指導します。○さんの成長を楽しみにしています。

🖉 制作活動に思い切り取り組むことができる○さんです。ただし作品を完成するだけでなく，準備から片付けまでの一連の作業を滞りなく進めることが大切です。最初から最後までしっかりと取り組み，素敵な作品をつくり上げましょう。

 POINT

学習には集中して取り組めていることを認めた上で，準備や後片付けへの苦手意識が克服できるよう，主体性を尊重した指導を行うことを伝える。

学習全体

学習への取組み方 ▶ 創意工夫

子どもの様子
創意工夫によって理解を深めている子

[所見文例]

- 算数の百分率の学習では、方形図を用いて理解を深めました。わからないことでも工夫して粘り強く取り組み解決していくことは、○さんの長所です。このよさを生かし、得意教科を増やせるよう、指導を続けます。

- ノートに毎日天気図を貼り、気象情報をもとに天気を予想するなど意欲的に取り組んでいます。夢である気象予報士として活躍するには、表現力や判断力も必要です。さまざまな学習機会を用意し、夢の実現に向けた支援を続けます。

POINT

さまざまな学習に表れている、その子なりの工夫を取り上げる。調べたり、まとめたりする活動の中での工夫を具体的に記し、成長の様子を伝えていく。

子どもの様子
改善のための努力を積み重ねている子

[所見文例]

- 未来の町づくりの学習では、ごみ問題を取り上げました。市役所の担当の方に何度も取材してまとめあげた改善方法についてのレポートが、市報に紹介されました。試行錯誤した成果物が評価を受けたことで、自信が大きく増したようです。

- 近隣の特別支援学校と交流会を企画しました。互いの仲が深まるためには、どのような活動が盛り上がるか、活発に意見交換を行いました。○さんの友達の多様な考え方を認め、力を合わせて行動する姿勢がすばらしいです。

POINT

学習活動の中で試行錯誤する姿をとらえ、改善のための取組みがどのように行われたのか、具体的に知らせる。成長の様子を的確にとらえ伝えていく。

学習への取組み方 ▶ 創意工夫

子どもの様子
学んだことをほかの場面や生活に生かそうとする子

[所見文例]

- 話題のニュースをノートにまとめる活動を続けています。そのノートを社会科や理科の課題を検討する際に参照して,授業中の発言が増えています。継続して取り組めるよう,発表の場などを用意していきます。

- 福祉作業所での活動を通して,思いやりとは何かについて考えました。その後,○さんが横断歩道で高齢者に手を貸し案内する姿を見かけたという話を聞きました。学びの成果が実際の行動に表れています。すばらしいことです。

 POINT

各教科などの学習を通して身に付けたことを発揮する場面はさまざまにある。家庭や地域との連携をとり,子どもの情報を収集し,多面的に長所をとらえた上で伝える。

子どもの様子
人との交流場面で努力を続ける子

[所見文例]

- 地域において,○さんが頼りになる存在として活躍していると聞きました。児童会の役員として,各クラスからの意見を取り上げ,全体をまとめた経験が生きています。今後,ますますの活躍を期待しています。

- 音楽の発表会では,リーダーを支える姿勢がすばらしいと専科教員からも高い評価を得ています。一人一人を認め,協力を呼びかける○さんの人との関わり方は,みんなの手本です。更なる活躍を期待しています。

 POINT

高学年になると活動範囲が広がる。家庭や地域社会との連携をはかり,子どものよさを多角的に伝えていく。

学習全体

学習への取組み方 ▶ 創意工夫

子どもの様子
発想が豊かな子

[所見文例]

- 環境委員として、総合的な学習の時間の学習成果をもとに発想を膨ませ、クリーン大作戦を提案しました。地域の方々と全校児童が一体となった取組みは新聞などに取り上げられ、来年も継続して行うことが決定しました。
- 運動会の「垂れ幕づくりプロジェクト」の一員として大活躍しました。クラスの垂れ幕は○さんの豊かな発想と行動力ですばらしい出来映えとなり、日頃の学習や活動の成果が表れていました。更なる活躍を期待しています。

POINT

授業中だけでなく、日常生活・課外活動・学校行事等で、きらりと光る子どもの一面を見付けることができる。多様な角度で子どものよさを認め具体的に伝えていく。

子どもの様子
同じ間違いを繰り返す子

[所見文例]

- 正しいと思っていた漢字の書き順が、実は違っていたことがわかり、これまで習った漢字の総復習をしています。理解力のある○さんです。振り返りの機会を定期的に設け、基礎学力の定着をはかっていきます。
- 積極的に発表できることは、○さんのよいところです。うまく話をまとめられないときは、発表の型を使って練習することをお勧めします。「ゴールテープの先に真のゴールがある」ととらえて、一緒に取り組んでいきましょう。

POINT

学習方法の工夫や見直しが足らず、同じ間違いを繰り返している場合がある。具体的な事実を取り上げて説明し、改善のための方策を記述する。

学習への取組み方 ▶ 創意工夫

子どもの様子
ものごとに柔軟な発想で向き合うことが不得手な子

[所見文例]

- まじめな学習態度で，確実に知識を増やしています。自主学習では，得意なスポーツの分野に着目し，オリンピック・パラリンピックの種目について調べています。今後は社会的な側面にも注目していくと，学習の幅が広がります。

- 積極的に挙手し，グループ学習でもまとめ役を果たしています。ときには人に相談したり協力を頼んだりすることも必要です。みんなで力を合わせれば，予想以上の力が発揮できます。困難な場面に出合ったときには，遠慮なく相談しましょう。

> **POINT**
> 自由な表現などを求めると，かえってむずかしさを感じてしまう子どもがいる。まじめさを評価しつつ，広い視野でものごとをとらえることを指導することを伝える。

子どもの様子
模倣が多く，自分らしさを発揮できていない子

[所見文例]

- 授業での発言は多くありませんが，着眼点がよく，ユニークな発想でものごとを考えられるよさがあります。間違えることを恐れず，安心して挑戦できるクラスにしていきたいと思います。来学期も○さんのアイデアをたくさん聞かせてください。

- 作文や図画工作の作品づくりで，周囲の目が気になり，自分の個性的な表現を引っ込めてしまうことがありました。○さんはすばらしいアイデアや表現の持ち主です。○さんが自信を持って自分を出せるように指導していきたいと思っています。

> **POINT**
> 具体的な場面をとらえてその子らしさを認め励ます。成功体験を少しずつ積み重ねることで，自分への自信が持てるようなメッセージを伝えたい。

>　学習全体

学習への取組み方 ▶ 協調性

　子どもの様子
ともに学んでいこうとする意識が高い子

[所見文例]

- 課題意識が明確で，友達の発言を受け止め，建設的に自分の考えを述べることができます。○さんが意見を発表すると，学習全体に深まりが生まれるため，友達から一目置かれています。みんなで高め合おうとする姿勢もすばらしいです。
- わからないところは友達などに質問し，テストで間違えたところは必ずやり直しています。○さんの向上心溢れる姿は，学級の手本となっています。次は一段高い目標を設定し，学びを深めていきましょう。

 POINT

基本的な学習ルールを身に付け，着実に成果を上げていることを知らせる。周囲に対してもプラスの影響を与えていることを伝え，意欲をいっそう高めていく。

　子どもの様子
友達と仲よく協力し合える子

[所見文例]

- 移動教室先の児童との交流会では，プロジェクトチームの一員として活躍しました。準備・運営・振り返りという一連の流れを理解し，自分に課された役割を果たすとともに，チームワークの大切さを学びました。
- 理科の学習では，同じ班の友達と協力し，計画どおりに実験を進めています。予想とは異なる結果が出たときは，○さんが率先して再実験や再検討に向けた声かけを行っています。協力して高め合っていこうとする姿勢がすばらしいです。

 POINT

友達と協力し，成果を上げた具体的な事例を知らせる。子どもの成長の様子や，ほかの友達との関わりの中で身に付けた力にどのようなものがあるか伝えていく。

学習への取組み方 ▶ 協調性

[子どもの様子]
コミュニケーション能力を発揮している子

[所見文例]

- バスケットボールでは，試合に勝利するために，「失敗したときこそ声をかけ合う」という作戦を立てました。リーダーとして率先して指示を出し，励ましの声をかける姿が頼もしく，チームの団結力を高めました。

- 国際交流会では，来日して間もない留学生に学校の特色を英語で紹介し，大変喜ばれました。「言葉が通じると心があたたかくなる」とは，交流会後の○さんの感想です。貴重な体験を積んで，コミュニケーションへの意欲が高まっています。

 POINT

人との関わりの中ではぐくまれるコミュニケーション能力には，学習活動を活発にする働きがある。高学年の発達段階を踏まえた言葉かけを行う。

[子どもの様子]
前向きな言動で周囲に好影響を与えている子

[所見文例]

- 総合的な学習の時間では，テーマに「自然災害に立ち向かう」を，追究する課題に「地域の一員としてできること」を設定し，災害用品を手づくりの自助パックに詰めて，学校に保管しています。意欲的に学ぶ姿がクラスの手本となっています。

- 学芸会では，「みんなの気持ちを一つに」を合言葉に，練習に励みました。よりよい演技を目指し，友達に助言を求める姿は，みんなの刺激になりました。互いに認め合い高め合う絆が結ばれ，貴重な経験となりました。

 POINT

集団生活だからこそ，はぐくまれる心情や態度がある。学級や学校への帰属感が高まるよう，その子どものよさが反映された言葉や行動を知らせる。

> 学習全体

学習への取組み方 ▶ 協調性

子どもの様子
協調性を欠いた行動をすることがある子

[所見文例]

- 6年生を送る会で呼びかけの言葉を考える担当として活動する中で、6年生の学校生活への貢献について感じ取ることができました。今後はチームワークとリーダーシップについて考えを深め、高学年の自覚と責任をいっそう高めていきます。
- 縦割り班で、リーダー役を務める機会がありました。自分のことを後回しにして、下級生の世話や手助けを一所懸命していました。来学期は責任ある仕事を計画的に任せ、達成感を得られるよう指導していきます。

 POINT

協調的に行動できていたことを認めた上で、今後の指導の内容や方針を伝えていく。学校生活は、多くの人々によって支えられていることを確認する。

子どもの様子
グループ学習にとけ込もうとしない子

[所見文例]

- 子ども祭りに向けて、役割分担を行いました。手先が器用な○さんは小物づくりに取り組み、できあがった作品は高い評価を得ました。今後も○さんのよさが発揮できるよう、人と関わる機会や場を多く設定していきます。
- 話合いの力を付けてきている○さんです。今学期から、グループ活動などで、相手と折り合いを付けるための話し方を学習しています。来学期は、相手の考えを引き出すような質問をすることにも挑戦していきましょう。

 POINT

人との関わりの中でこそ、得られるものが多くある。本人の状況に応じて行った指導の内容とともに、今後の指導の方向性について伝える。

学習への取組み方 ▶ 協調性

[子どもの様子]
自分勝手な言動が目立つ子

[所見文例]

- 学級会では○さんの思いやりある発言がきっかけとなり、誰もが納得できる結論を導くことができました。成長ぶりを頼もしく感じています。引き続き、状況や相手に応じて、言葉の選び方を工夫するよう助言していきます。

- 周囲の状況を踏まえた行動ができるようになり、友達から支持され、力を合わせてものごとに取り組む場面が増えています。今後も友達と協力する場面を意図的に設定し、チームワークを発揮して活躍できるよう全力で支援していきます。

 POINT

その子のよさや、成長したことを認め励ました上で、現時点での課題を知らせる。改善のための方策や指導の方向性を伝える。

[子どもの様子]
人前に出ることが苦手な子

[所見文例]

- 地域活動に参加し、さまざまな立場の大人との関わりを通して、コミュニケーションへの自信が付きました。現在は、来学期の児童代表のあいさつを、原稿なしで行おうと準備をはじめています。すばらしい成長ぶりです。

- 国語の学習を通して、人前で発表する自信が付いています。委員会活動では、クラス代表として発表するだけでなく、どのような意見が出されていたかメモに残し、要点を押さえた報告を行っています。

 POINT

人前での発表やコミュニケーション能力を発揮できた場面を知らせる。多様な人と関わる体験を経て、実践的なコミュニケーション力がはぐくまれていく。

学習全体

学習への取組み方 ▶ 考え方や情緒面での課題

子どもの様子
心に余裕がなくなっている子

[所見文例]

- 知的好奇心が旺盛で、授業にも意欲的に参加しています。複数の課題に挑戦しようとする積極的な姿勢もすばらしいです。取り組む課題の優先順位を決めて、計画的に学習を進めるようアドバイスしているところです。

- 委員会活動やボランティア活動など、やりたいことがたくさんあり、放課後には習い事も重なっています。意欲を評価しつつ、それぞれの活動にかけられる時間を考え、計画的に挑戦するよう支援していきます。

POINT

いろいろなことに取り組み、心に余裕がなくなっている子がいる。興味・関心の幅が広いというよさを認めつつ、今後の指導の方向性を伝えていく。

子どもの様子
授業中の態度や気分にむらがある子

[所見文例]

- どの教科の授業でも積極的に挙手します。気にかかることがある際は、気分転換の方法を一緒に試し、やる気を回復しています。学習課題と意欲的に向き合う状況を長く続けることができるように、引き続き支援していきます。

- 集中力があり短時間で多くの成果を上げています。今後の課題は、過去の失敗を気にして、次の活動への取りかかりが遅くなることです。反省を短時間で効率よく行い、新たな活動に挑むよう励ましていきます。

POINT

できていることを認めた上で、よいときの状況を長く続けるコツと悪い状況から立ち直る方策を伝えていく。

学習への取組み方 ▶ 考え方や情緒面での課題

子どもの様子
現状に満足し，新たな課題に挑もうとしない子

［所見文例］

- どんな学習課題でもまじめに取り組み，着実に力を付けています。本来持っているよさを更に引き出すために自由学習を勧めています。興味・関心があることからテーマを選び，調べ学習に取り組んでみましょう。

- 音読や計算練習などを続け，着実に成果が上がっています。社会科に関心のある○さんには，世の中の出来事に目を向け，ニュースをまとめる学習に取り組むことを勧めています。ものごとをとらえる視野が広がります。

 POINT

現在，明らかになっている学習成果を認める。今後，新たな課題を設定し努力を積み重ねれば，更に成長する可能性があることを伝える。

子どもの様子
自分を甘やかしてしまう子

［所見文例］

- 社会科の新聞の提出が，当初の予定に間に合わないことが複数回ありました。○さんの実力からすれば，達成可能なスケジュールだったと思います。今後は学習計画を立てるなど，見通しを持って課題に臨む工夫を一緒に行っていきましょう。

- 理解力があり，短時間で正答を導くことができます。いっぽうで，繰り返しの練習が必要な学習や，じっくりと時間をかけて解くような問題は苦手で，指導しているところです。努力の成果は必ず上がりますから，今後も取り組んでいきましょう。

 POINT

具体的な事例を通して，何が問題かを知らせる。今後の方針として，指導を継続的に行い，成果が明らかになるまで見届け，主体的な姿勢をはぐくんでいくことを伝える。

学習全体

学習への取組み方 ▶ 考え方や情緒面での課題

 子どもの様子
自信がなく，引っ込み思案な子

[所見文例]

- クラスでは「間違いを笑わない」指導を徹底していますので，安心して発言してください。万が一間違ったとしても，なぜ間違えたかを考えるところに学ぶ意味やおもしろさがあります。活躍を期待しています。

- ノートに学んだことや自分の考えをわかりやすくまとめ，次の学習に役立てています。国語の時間に○さんのノートを紹介したところ，友達から称賛の声が上がりました。得意な面として，自信を持ってください。

 POINT

誰にも必ずよさがある。自分のよさを素直に認めようとしない場合も考えられる。子どもの実態を把握し，よさを見出す，またはよさに気付かせるように記述する。

 子どもの様子
評価によって学習意欲が大きく左右される子

[所見文例]

- 漢字のミニテストは，平均点で5点上がっています。努力の成果が数字にも表れ，○さんにとって漢字が苦手ではなくなったことがわかります。来学期は，新たな課題を設定し，一緒に挑戦していきましょう。

- 社会科の新聞づくりでは，常に高い評価を得ています。新聞づくりのコツをつかみ，筆者として自分の考えを示すようになったことが，ポイントです。学習活動を振り返り，自ら改善を加えた点がすばらしいです。

 POINT

テストの点数や通信簿の数値は，あくまでも一つの目安である。自分の努力の結果の一部を測る手掛かりとして活用し，多角的に自分のよさを見るよう伝えていく。

学習への取組み方 ▶ 考え方や情緒面での課題

子どもの様子
自尊感情や自己有用感が低い子

[所見文例]

- 学習発表会に向け，家庭でも演劇の特訓を続けているという報告を受けています。クラスのためにがんばろうとする意気込みが，すばらしいです。成功を目指すのはもちろんですが，それ以上に努力する姿勢と学ぶ過程が重要です。

- 「自分が汚したわけではないから……」などの後ろ向きの意見に対して，勇気を持って反対意見を発してくれるのが○さんです。クラスにとって欠かせない存在であり，みんなの目標となっています。

 POINT

家庭と協力し，子どもの活動を認め励ましていく。子どもの長所を具体的なエピソードから明示し，学級においても大切な存在であることを伝え，意欲を引き出す。

子どもの様子
自分の失敗を認められない子

[所見文例]

- インタビューを予定していたのに，準備不足で十分な成果が上げられませんでした。○さんはこの経験を糧に，聞き取りメモを用意し，リハーサルを行うようになりました。まさに「失敗は成功のもと」の言葉どおりの学習ができました。

- 宿題の提出が遅れた際，言い訳を口にせず，同じ失敗を繰り返さないためにはどうすればよいか考えることができました。学習計画を立て，見通しを持って学校生活を送っています。今後更なる成長を遂げられるよう支援を続けます。

 POINT

失敗から学ぶことができたエピソードを伝える。原因を分析し，次のステップに役立てたからこそ，いまの成長があることに気付かせる。

学習全体

観点別にみた学力の特徴 ▶ 知識・技能

子どもの様子
知識は豊富だが，応用問題が苦手な子

[所見文例]

🖋 漢字や言葉の知識が豊富です。1学期は，作文に苦手意識がありましたが，毎日日記を書くようになり，身に付けた漢字や語彙を活用した文章が書けるようになりました。来学期も意欲的に取り組めるよう指導していきます。

🖋 算数では，小数の乗法及び除法の計算の成り立ちを十分理解しています。しかし，文章題は問題を読む前からあきらめてしまうところがありました。来学期は基本的な文章題から取り組ませ，自信を付けさせていきます。

POINT

まず，その子のよさから書き始め，次に課題点を指摘する。教師の指導内容を具体的に記述すると，保護者の安心につながる。

子どもの様子
パソコンやインターネットなどの操作が得意な子

[所見文例]

🖋 音楽で学習したオーケストラに興味を持ち，インターネットで構成楽器や特徴などを調べて，パソコンで記事を書きました。最終的に壁新聞として音楽室に掲示され，友達ばかりでなく，音楽の先生にも喜ばれました。

🖋 社会科で，「日本の工業生産」についての調べ学習を行った際，学習の成果をスライドにまとめました。〇さんはパソコンの操作に習熟しており，「こうしたらよくなる」と友達に積極的に操作方法を教えていました。

POINT

機器の操作や情報収集の能力が優れているところなどを記述する。その子の工夫点を見付け，更なる取組みを促進する。

観点別にみた学力の特徴 ▶ 知識・技能

子どもの様子
実験・観察の技能に優れている子

[所見文例]

- 理科のふりこの実験では，糸の長さやおもりの重さなどに留意し，ふりこが往復する時間に着目しておもりの重さやふりこの長さなどの条件を制御しながら実験することができました。
- 植物の育ち方について，発芽や成長，結実の様子に着目して観察を行いました。また植物の成長に日光や肥料がどのように関係しているか，観察結果から予想し，情報を集めて，考察することができました。

POINT

実験や観察を通して，活動の様子をくわしく記述し，授業のねらいが達成されていることを伝えたい。

子どもの様子
辞書・事典など資料活用の技能に優れている子

[所見文例]

- 社会科見学で国会議事堂に行きました。見学したときの様子や資料を参考に，国会議事堂の成り立ちを調べ，新聞にまとめました。必要な要素を辞書や事典で確認し，カードに書き出しながら作業していた点がすばらしかったです。
- 国語で短歌を学習したとき，図書室の本を活用して季節ごとに短歌を分類しまとめました。図書資料を積極的に活用して，授業で学習した内容を知識として定着することができており，すばらしいです。

POINT

辞書・事典・資料を適切に参照し，知識の定着に活用できている点を，具体的な事例を記述しながら称賛する。

> 学習全体

観点別にみた学力の特徴 ▶ 知識・技能

[子どもの様子]
正確な知識を身に付けている子

[所見文例]

- 国語では意欲的に新出漢字の練習をし，授業や家庭学習でも積極的に使いました。特に，作文や日記で使うことで，語感や言葉の使い方に関する知識を意識して身に付けようと取り組む姿勢が，大変りっぱです。

- 算数では図形の性質をよく理解しており，平行四辺形やひし形などを書くときは，一つの方法だけでなく，いろいろな方法で書くことができます。授業に意欲的に取り組み，正しい知識を身に付けており，すばらしいです。

POINT
基礎・基本となる知識が確実に定着しているという優れた点を具体的に書き，よさを認める。

[子どもの様子]
努力家で豊富な知識を身に付けている子

[所見文例]

- 社会科で，日本ではさまざまな工場生産が行われていることを学びました。その後，進んで資料を集め，工業の盛んな地域や，工業製品が生活の向上に重要な役割を果たしていることなどについて，自分の考えをノートにまとめました。

- 努力家の○さんです。学習中は友達の話に熱心に耳を傾け，常に自分の意見と友達の考えを関連付けて発表しています。また，新しい言葉はすぐにノートにメモするなど，日々の学習の積み重ねから豊かな知識を身に付けています。

POINT
具体的な場面を示して子どもの努力を認め，その成果を伝えたい。特に自分の考えを述べたり友達の考えを受け入れたりしている姿は大いに評価する。

観点別にみた学力の特徴 ▶ 知識・技能

子どもの様子
基本的な知識や技能が不足している子

[所見文例]

◆ 家庭学習を忘れずに行うことを指導したところ，漢字テストの点数が上がってきました。学力の定着には繰り返しの学習が必要なことがあります。今後も家庭学習に主体的に取り組んでいけるよう，指導していきます。

◆ 算数の割合の学習に苦手意識があるようですが，基本問題から図を使って学習することで理解が進んでいるようです。繰り返し学習することが有効ですから，少しずつ家庭学習でドリルに取り組んでいきましょう。

POINT
家庭学習も含めて，学力の定着のためには繰り返して学習することが必要である。今後どのようにしていくことが望ましいのか，学習のポイントを具体的に伝える。

子どもの様子
基礎・基本に課題がある子

[所見文例]

◆ 国語の取材活動では，グループの友達と協力して取材し，新聞にまとめていくことができました。協力し合ってつくりあげる楽しさを味わえたのではないかと思います。来学期も友達と協力して表現していく活動に親しんでいきましょう。

◆ 苦手意識があることにも意欲的に取り組み，平行四辺形や台形を上手に書くことができるようになりました。また三角定規や分度器の使い方も上達しました。この調子で算数の向上を目指しましょう。

POINT
つまずいているところを指摘するだけではなく，意欲的に取り組めている部分を認めることも記述する。

学習全体

観点別にみた学力の特徴 ▶ 思考・判断・表現

子どもの様子
知識は豊富だが思考力・表現力に欠ける子

[所見文例]

- どの教科の学習も理解が早く、知識も豊富です。今後は、日々疑問を持ち、追究する学習に取り組むことで、更なる成長が期待できます。来学期は、友達の考えを聞いたり比べたりする学習に取り組む予定です。意欲的な参加を期待しています。
- 歴史の学習では、年号や事実などよく覚えており、知識が豊富です。今後は「なぜ」「どうして」などの疑問を追究していく学習を重ねることが必要です。来学期は、考える楽しさを味わえる学習にたくさん取り組ませたいと思います。

 POINT

知識を活用するためには疑問を持ち追究することが大切である。知識の活用を目指してどのように指導していくのかを書く。

子どもの様子
学習課題や疑問を発見することが得意な子

[所見文例]

- 織田信長や徳川家康など歴史上の人物に関心を持っています。また、江戸時代が長く続いたのはどうしてなのかと自ら疑問を持ちました。図書館や歴史資料館に足を運んだ上で、自分なりの考察を持ち、根拠とともにノートにまとめました。
- 国語の「大造じいさんとガン」では、特に興味を持って授業に臨みました。自分なりの感想と読み深めたい課題を持ち、家庭学習で音読に積極的に取り組みました。登場人物の心境の変化を丁寧に読み取ることができ、学びを深めていました。

 POINT

学習課題や疑問を発見する姿を、具体的な場面でとらえて記述したい。特に効率的に学習を進めている姿は大いに評価したい。

観点別にみた学力の特徴 ▶ 思考・判断・表現

子どもの様子
課題解決的な学習が得意な子

[所見文例]

 POINT

🖋 社会科で日本国憲法を学習した際，憲法が私たちの生活に果たす役割をまとめました。○さんは憲法の基本的な考え方に着目した上で，資料や辞書を参照しながら多面的・多角的に考察でき，発表も論理的で，みんなの手本となりました。

🖋 体育の走り幅跳びでは，助走の仕方に課題があるという指摘を受け，リズミカルな助走から踏み切って跳ぶと記録が伸びるのではないかと自ら考え，意識して実践するようになりました。放課後にも自主練習を重ね，記録も大変伸びました。

自らいだいた疑問の問題解決に試行錯誤しながら取り組んでいる姿を丁寧に見取り，その成果もあわせて記述したい。

子どもの様子
身近な事象と結び付けながら学習している子

[所見文例]

 POINT

🖋 社会科で「四日市ぜんそく」のことを学んだ際，公害防止の取組みについて考えをまとめました。特に社会的な視点からだけでなく，自分のぜんそくの経験と重ね合わせて患者に近い視点からも考えを深めた点が，独自の考察につながりました。

🖋 家庭科で学習したミシンの技能を生かし，敬老の日に手さげをつくって，地域の高齢者の方々にプレゼントし，大変喜ばれました。学習したことを，積極的に日常生活に生かそうとする姿勢が，すばらしいです。

学習したことを自分の経験や生活と結び付けて考え，積極的に生かそうとしている姿をとらえて記述したい。

学習全体

観点別にみた学力の特徴 ▶ 思考・判断・表現

子どもの様子
分析して自分の考えをまとめることが得意な子

[所見文例]

- 理科の実験の「もののとけ方」では，物の溶け方や規則性を学びました。特に水の温度や量などの条件を制御しながら調べる実験では，溶ける量や様子に着目して，根拠とともに考察を導くことができました。

- 社会科では，食料生産である水産業が自然条件を生かして営まれていること，輸送や販売方法を工夫していることなどを理解しました。食料生産を支えている人々の工夫や苦労を図書室で調べ，消費者の視点と対置させながらまとめました。

 POINT

授業中の学習内容に基づいて，身に付けた知識を活用しながら考察を導いている具体的な様子を記述したい。

子どもの様子
批判的思考をもとに表現することができる子

[所見文例]

- 「公害や戦争は自分のことや目先の利益を追求する中で起こってしまう」「生産性の向上だけでなく環境問題にも着目していきたい」など，学習を通して自分たちが何をしていけばよいのかを多角的に考え，発言していました。

- 校庭で，流れる水の量・土砂の削られ方・水のたまり方などを観察する，流水実験を行いました。その際，友達の考えに対して，「なぜ自分は違うと思うのか」を，授業で学んだ知識を活用して，論理的に話しました。

 POINT

学んだ知識に対して自分で考えようとしている様子を取り上げて，認める。子どもの学びの姿勢に着目し，具体的に記述したい。

観点別にみた学力の特徴 ▶ 思考・判断・表現

子どもの様子
豊かな発想をもとに学習することができる子

[所見文例]

 POINT

✏ 理科では，てこの規則性を調べる実験を行いました。○さんは力を加える位置や力の大きさに着目し，どうすればてこが釣り合うかをいろいろな組み合わせで試していました。自ら試行錯誤していた点がすばらしいです。

✏ 算数で，オリジナルの問題づくりをしました。いままでの学習をもとに，基礎計算・図形・文章題といった問題を1枚のプリントにまとめて友達に出題し，喜ばれていました。身近な例を用いて作問していたことが，印象的でした。

頭の中だけで考えるのでなく，学習材を試行錯誤しながら操作するなどして，発想を広げながら学習している様子を記述したい。

子どもの様子
原理や法則性を理解し表現に生かしている子

[所見文例]

 POINT

✏ 理科の実験データを分析し，規則性を発見することに優れています。実験でわかったデータを丁寧かつ正確にノートに記録し，感じたことを日記や作文に書くなど，まとめ方や活用のスキルを身に付け，考察に役立てています。

✏ 「複合語の成り立ちがおもしろい。もっと調べたい」と，意欲的に国語辞書を使って調べました。また調べた言葉を日記に書いたり作文に使ったりと，自分の思いや考えを的確に表現するために積極的に活用しています。

授業で取り上げた学習内容や活動の様子をもとに，具体的な場面を示して伝えたい。

学習全体

観点別にみた学力の特徴 ▶ 思考・判断・表現

 子どもの様子
原理や法則性をとらえることが苦手な子

[所見文例]

- 算数の割合の学習では，問題の意味を理解する際，少し戸惑いが見られました。問題文に下線を引いたり図に表したりするなどして，問いの意味を理解するようにしていました。少しずつ自分でできるようになっています。
- 理科の実験を通して得られた原理や法則性が，知識として定着していないようです。記録をしっかりと取り，常に実験目的に立ち返ることで正確な理解へといたります。来学期は実験前に目的や手順をノートに書いて確認するように指導します。

 POINT

自分の考えをノートに記す，文字などに下線を引いて強調してとらえるなど具体的に，理解が進んでいる様子を，わかりやすく伝える。

 子どもの様子
学習課題や疑問を見出すことが苦手な子

[所見文例]

- 国語「話す・聞く」の学習で，話すテーマを探すことに苦労しました。友達同士で意見交換してみるように指導したところ，テーマを決めることができました。友達の意見と比べながら自分の考えをまとめていくことを引き続き指導します。
- 総合的な学習の時間では，自分の学習課題を立てることがむずかしかったようです。身近な例を示すと，それを参考にテーマを決め，次々と学習を進めました。身近な事象と学習を結び付けて考えるよう，今後も指導していきます。

 POINT

学習課題や疑問を見出せない原因に触れ，どのように支援し変化が見られたのかを記述したい。

観点別にみた学力の特徴 ▶ 主体的に学習に取り組む態度

子どもの様子
パソコンやインターネットを活用して表現しようとする子

[所見文例]

- 地域の歴史について調べたことをまとめて、ホームページで発信しました。地域のことを知らない人が読んでもわかるように、レイアウトや文字に気を付け、写真やグラフなどを入れてまとめることができました。

- インターネットや新聞、図書資料を使い、江戸時代の人々の暮らしについて情報を集めました。さらにパソコンを使って記事を作成し、レイアウトを行って、わかりやすく見やすい新聞を完成させました。

 POINT

総合的な学習の時間などの取組みから、パソコンやさまざまな資料を活用したり、発表の様子を工夫したりするなど子どもの活動の様子を記述したい。

子どもの様子
ノートを見やすく整理しようとする子

[所見文例]

- 算数では、自分の思考の過程を、図や表を活用してわかりやすくノートに整理をしています。また、定理や公式を正しく理解するために必要な計算をノートの脇にきちんと書くなどして、上手にまとめることができます。

- 板書されたことをきちんと理解し、自分の考えや友達の考えも交えて、必要な情報をノートにまとめています。見出しや色を工夫するなど、読みやすさも意識できています。クラスで見本のノートとなっています。

 POINT

ノートの取り方やまとめ方のどこが優れているのか具体的に記述すると、保護者にも伝わりやすい。

学習全体

観点別にみた学力の特徴 ▶ 主体的に学習に取り組む態度

子どもの様子
発表に主体的に取り組もうとする子

[所見文例]

- どの学習にも一所懸命に取り組んでいます。積極的に挙手し，発表する際は声の大きさや表情，スピードに気を付けています。一方的に話すのではなく，友達がわかったかを目で確認しながら，話すことができています。
- 理科の「人の体のつくり」では，呼吸・消化・排出・循環などの働きについて，図を使いながら発表していました。相手がわかりやすいように工夫して伝えようとする態度がすばらしいです。

POINT

声の大きさや表情，話すスピードなどを工夫して相手にわかりやすく伝える力は，コミュニケーション能力にもつながることを伝えたい。

子どもの様子
人前での発表に積極的に取り組めない子

[所見文例]

- 授業中など，大勢に注目されて話すことは緊張するものですが，自分の考えを人前で発表するのは大切なことです。自分の考えを仲のよい友達に論理的に伝える力はありますから，来学期は，みんなの前で発表する力も伸ばしていきましょう。
- 自分の思いや考えをたくさん持っている○さんです。言葉や文章で表すことは得意ですが，人前で発表することに苦手意識があるようです。来学期は発表の練習を行い，少しずつ自信を付けることに取り組んでいきます。

POINT

人前で発表することは，自分の意見を伝えるために大切であることに気付かせたい。回数を重ねることで自信が付いていくことも伝えたい。

観点別にみた学力の特徴 ▶ 主体的に学習に取り組む態度

子どもの様子
計画的に学習を進めている子

[所見文例]

🖋 国語の読書感想文の学習では，時間内に仕上げ，文章や文字の間違いもほとんどありませんでした。見通しを持って確実に取り組めることが，大変すばらしいです。今後も計画的に学習を進めていきましょう。

🖋 理科のてんびんづくりの学習では，計画をしっかりとノートに書き，着実に学習を進めることができました。持ち前の作業の速さと正確さを発揮しながら，最終的にお皿の部分を工夫し，バランスのよいてんびんが完成しました。

POINT

確実にできているところを，具体的な場面を通してほめる。特に作業が速く正確にできることは大いに評価したい。

子どもの様子
主体的に学びを深めようとする子

[所見文例]

🖋 環境学習では，マンホールのふたの下から聞こえる音に耳を澄まし，水が流れている様子を記録したり地図に表したりするなど，大変意欲的に活動できました。教室での発表では，大きな拍手が起きました。

🖋 エプロンづくりでは，縫い目をチェックし，ポケットの付け方を工夫するなど，上手に製作できました。自分なりにこだわりたいポイントを決めて取り組むなど，意欲的な学習態度がすばらしいです。

POINT

子どもがいきいきと体験している様子など，具体的な活動の場面を記述する。意欲的に取り組んだ結果，よい経験となったことを伝える。

`学習全体`

観点別にみた学力の特徴 ▶ 主体的に学習に取り組む態度

`子どもの様子`
際立った才能を発揮し周囲の手本となっている子

[所見文例]

- サッカーが得意な○さんです。体育のサッカーでは、チームのキャプテンに選ばれ、みんなにボールが回るようにするにはどうしたらよいか考え、ドリブルやシュートの上手な方法を友達に教えていました。すばらしい学習態度です。
- ピアノが得意で、音楽会では「飛行船」の伴奏を情緒豊かに弾くことができました。児童会の仕事が忙しい中でも、着実に練習を重ねていました。日々の努力と曲への思いが観客に伝わり、当日は大きな拍手が起こりました。

POINT
優れた特技は大いにほめて励ましたい。その子なりのがんばりや努力を具体的に示し、今後の活躍につなげたい。

`子どもの様子`
ドリル学習に着実に取り組んでいる子

[所見文例]

- 漢字ドリルの学習に、毎日継続的に取り組むようになりました。その結果、漢字テストで満点を取ることができました。基礎・基本となる学力は着実に身に付けていくことが大切です。○さんの取組みはりっぱです。
- 算数の小数や分数の計算に興味を持ち、ドリル学習やプリントでの家庭学習に取り組んで基礎力を高めています。これまでに取り組んだ問題の量を振り返りながら、「計算に自信が付いてきた」と話してくれました。

POINT
ドリル学習は、基礎・基本の定着につながる。学習の中で大事であるということを明示し、身に付けた知識が結果につながるということを伝える。

観点別にみた学力の特徴 ▶ 主体的に学習に取り組む態度

子どもの様子
見通しを持って作業しようとしない子

[所見文例]

- 歴史新聞づくりでは、作業が速く、短時間で完成することができました。いっぽうで、筆記の丁寧さや割り付けの工夫が◯さんの課題です。来学期は作業前に見通しを持ち、計画的に行うよう、声をかけながら進めていきます。

- 家庭科で、ミシンを使ったリュックづくりを行いました。縫いしろを意識せずに縫ってしまい、残念ながら納得のいく出来上がりとはいきませんでした。完成形をイメージして、細部をよく見て丁寧に縫うようにするとよいでしょう。

 POINT

作業を丁寧にすることは大切なことである。取りかかりのよさを認めつつ、今後につなげるための具体的な方法を示したい。

子どもの様子
時間内に終えるための工夫をしようとしない子

[所見文例]

- 板書の文字を丁寧に書き写しますが、時間内に終わらないことがあります。効率的に進めることも大切な学習の一つです。時間内にできるようにノートの取り方を指導しつつ、今後も励ましていきます。

- 読書感想文では、構想段階に時間をかけすぎてしまい、なかなか書き始めることができませんでした。来学期は、まず自分の好きな場面や印象に残った場面から書いていくことを指導していきます。

 POINT

学習作業が遅い原因や理由を知らせ、改善のための指導に取り組むことを伝える。また、時間がかかっても最後まで取り組むことの大切さも伝えたい。

学習全体

学習習慣・家庭環境・その他 ▶ 学習習慣

子どもの様子
予習・復習にしっかり取り組める子

[所見文例]

✎ 音読の宿題に毎日取り組んでいることで，音読に対する自信を深めています。授業で音読する際には常に積極的に挙手をするなど大変意欲的です。

✎ 家庭学習ノートで新出漢字の練習に自主的に取り組んでいるため，確認テストで間違えることがほとんどありません。

✎ 授業でわからなかったことやできなかったことは復習する習慣が身に付いているため，学校での学習に意欲的に取り組むことができています。

POINT
継続して家庭学習に取り組んでいることの意味や価値について，予習・復習の成果が出て，いきいきと学習に取り組めている子どもの様子を通して伝える。

子どもの様子
家庭学習の内容が充実している子

[所見文例]

✎ 毎日の漢字練習では，ただ書くだけではなく丁寧に取り組んでいることで，点画に気を付けたバランスのよいきれいな字を書くことができます。

✎ 社会科の調べ学習では，インターネットや図書館を活用して調べ，自分なりの視点も加えてまとめることができました。興味を持ったことに意欲的に取り組み，理解を深めています。

✎ リコーダーの演奏では，むずかしかったタンギングも家庭での練習の積み重ねとともに，徐々に上手になってきました。

POINT
家庭においても興味や関心を持って学習に取り組むことが，学校生活においていかに好影響をもたらしているかを，具体的なエピソードを交えて伝える。

学習習慣・家庭環境・その他 ▶学習習慣

子どもの様子
学習整理がきちんとできる子

[所見文例]

✎ 机の中がいつもきちんと整理されています。必要なものをすぐに取り出すことができるので，学習への取りかかりがスムーズです。

✎ 板書を写すだけでなく，教師の説明や自分の考えも記入するなど，ノートの使い方を自分なりにわかりやすく工夫しています。

✎ 学習に必要な道具の準備が整っていることに加え，ハンカチを毎日新しくしてくるなど衛生面への意識が高く，手洗いやうがいにもしっかり取り組むことができています。

 POINT

整理整とんができることがいかに自分の利益となっているかを，具体的な事例を踏まえて伝える。

子どもの様子
よく読書している子

[所見文例]

✎ 本が好きな○さんは，図書の時間などに集中して読書を楽しんでいます。本を読むことで言葉の貯金が貯まっているため，書き言葉の知識が豊富で，表現も細やかです。

✎ 語彙が豊富で，作文などで自分の気持ちを的確に表現することができます。日頃の読書のたまものです。今後も読書習慣を継続してください。

✎ 読書週間の本の紹介活動では，読書を通して考えたことを友達同士で交流し，互いの考えを深めたり広げたりすることができました。

 POINT

読書の効果は，ほかのさまざまな学習にも表れる。読書することの意味や価値を伝え，継続を促す。

学習全体

学習習慣・家庭環境・その他 ▶ 学習習慣

 子どもの様子
宿題や学習準備がなかなかできない子

[所見文例]

- 連絡帳を見て，宿題や翌日の学習準備をしっかりできるようになりました。忘れ物のない日は授業にも集中して取り組めています。お家の方の継続的な支援と本人の努力が成果となって表れてきています。
- 自主学習ノートで，算数の文章題に取り組んだ成果が表れています。更なる向上に向けて取組みを継続していきましょう。このような積み重ねが自信となり，更に意欲が高まることが期待できます。

 POINT

宿題や学習準備の習慣が身に付くことでどのようなメリットがあるかを伝え，改善に向けた具体的な取組みと期待を伝える。

 子どもの様子
予習・復習への意欲が低い子

[所見文例]

- 図形の学習では，授業中に十分理解できなかったことを家でしっかり復習したことで，次の時間は積極的に挙手するなど意欲の高まりを感じました。国語では音読の予習をすることで，授業に積極的になっています。予習・復習の大切さに気付くとともに，楽しさも味わうことができました。
- 新出漢字や語句の意味調べに意欲的に取り組んでいます。その成果が表れ，漢字を確実に身に付けることができました。今後も継続していけるように励ましていきます。

 POINT

予習や復習の意義を伝え，少しでも成果が表れてきていることを具体的に示し，意欲の高まりを促す。

学習習慣・家庭環境・その他 ▶ 学習習慣

子どもの様子
予習・復習をなかなかしない子

[所見文例]

🖋 学期当初と比べ，計算ミスがずいぶん少なくなりました。家庭学習で計算練習をがんばってきた成果が表れています。習熟まであと一歩です。繰り返し練習して身に付けられるよう，励ましていきます。

🖋 「今日は学校でどんな勉強をしたのかな？」と問いかけられたときに，振り返って説明することが復習になります。声かけを続けていきます。ご家庭でも親子の会話を通して楽しみながら，振り返り学習をサポートしてあげてください。

 POINT

不可欠である家庭の協力を得られるよう，家庭学習の積み重ねの先にある姿を提示し，予習・復習のポイントを伝える。

子どもの様子
家庭学習や読書の習慣が身に付いていない子

[所見文例]

🖋 家庭学習の習慣を身に付けることが，いまの時期には必要なことです。「1週間に○ページ」と自分で目標を設定して家庭学習ノートに取り組むよう，声かけをしていきます。

🖋 社会科の調べ学習では図書室でたくさんの本に触れ，読書の楽しさに気付いたようです。興味を持つ分野の本を，勧めていきたいと思います。

🖋 リコーダーでいろいろな曲の演奏に挑戦しています。自分の興味に応じて家庭学習に取り組めるのはすばらしいことです。

 POINT

家庭の協力を得られるようにするため，家庭学習の取組みの成果を伝える。また，本を読む楽しさや大切さを味わわせるための手段を伝える。

学習全体

学習習慣・家庭環境・その他 ▶ 家庭環境

 子どもの様子
学習面からみて家庭環境に恵まれている子

[所見文例]

- ご家庭での旅行や自然体験が，本人の知的好奇心や探究意欲を高めているようです。総合的な学習の時間では身近な環境問題の学習に意欲的に取り組み，素敵な環境ポスター作品を仕上げることができました。
- 音楽ではリコーダーをいち早く覚え，友達に教えてあげることができました。ピアノの習い事が自信にもつながっています。これからも楽しみながら続けられると，いっそう励みになると思います。

 POINT

家庭での言葉かけや励ましが，子どもの学習意欲の高まりにつながっていることを，具体的なエピソードを交えて保護者に伝える。

 子どもの様子
保護者の関心が高く，自身もがんばっている子

[所見文例]

- 家庭科の調理実習では，班の仲間への指示やアドバイスも的確で，手際よく料理をつくることができました。日頃からご家庭で一緒に料理をつくっている成果が表れています。
- 地域調べの学習の後，お家の方と町を歩き，更に詳しく調べたことを盛り込んで発表してくれました。ご家庭の関わりが意欲を高めています。
- ご家庭でさまざまな生き物を飼っていることから，学校の動植物の世話や観察を進んでやってくれます。観察日記も丁寧にまとめられました。

 POINT

現在の保護者の関わりと子どものがんばりを高く評価し，今後も保護者が子どもに寄り添う中で継続して取り組めるよう伝える。

学習習慣・家庭環境・その他 ▶ 家庭環境

子どもの様子
萎縮してしまっている子

[所見文例]

🖉 間違えることを恐れず，授業中の挙手の頻度が上がっています。間違えてもそこから学んだり自分で修正できるよう，今後も継続して見守っていきます。

🖉 何かに取り組むことへの意欲は，失敗を恐れないことや挑戦することの楽しさを十分味わってはじめて高まります。意欲の高い人は他人の失敗にも寛容となり，笑顔で包める人になります。係や当番では自分で選んで主体的に取り組もうと努力できました。今後に大いに期待しています。

POINT
成長した点を伝え，更に自信を持って取り組むことができるよう，保護者に協力を求める点を具体的に記述する。

子どもの様子
なかなか自立ができない子

[所見文例]

🖉 苦手意識のあった図画工作の作品づくりは，周りの友達のやり方を見て工夫を加えながら，徐々に上手になっています。直接教えるより自信を深めることができるため，自らの気付きを大切にしていきます。

🖉 総合的な学習では，町探検で集めた情報をもとに，更に自分で調べたい課題を見付けることができました。教師が助けなくても，自ら気付き課題を設定できたことを大いにほめ，更なる意欲につながりました。

POINT
子どものよさや成長した点を具体的に示しながら，保護者が介入したくなる気持ちをぐっとこらえさせて，子どもの主体性を育てることの大切さを伝える。

学習全体

学習習慣・家庭環境・その他 ▶ 家庭環境

子どもの様子
家庭環境が整っていない場合

[所見文例]

- 絵を描くことが大好きで，時間を見付けては自由帳に描いています。あいさつ運動のポスターは○さんに描いてもらいました。素敵な作品です。学校掲示板に貼ってありますのでご家庭でもぜひご覧になり，話ができるとよいと思います。
- 音読カードの保護者欄に励ましのコメントを書いてもらったことがよほど嬉しかったらしく，満面の笑みでカードを見せてくれました。ご家庭でのほんの一声，ちょっとした声かけが○さんの心をあたためてくれています。

POINT

保護者が学校教育に関心を持ち，子どもの話をよく聞いてあげることが，子どもの喜びや意欲付けになることを伝える。

子どもの様子
保護者の関心が低い場合

[所見文例]

- 全校遠足で，お弁当を嬉しそうに広げて見せてくれました。聞くと，お家の方と一緒につくったとのこと。「一緒に」というお家の方の寄り添いが，○さんの喜びにつながっていたようです。
- 笑顔で登校し元気にあいさつしながらおいしそうな朝食の話をしてくれるときがあります。朝食の充実が○さんの生活リズムを支えています。朝から眠そうな様子が見られることがあったので，早寝早起の習慣が付くよう声をかけています。ご家庭でも協力いただけますようお願いします。

POINT

子どもに対する家庭の関わり方がいかに大切であるかを具体的事実に基づいて伝え，家庭での指導改善を促す。

学習習慣・家庭環境・その他 ▶ 家庭環境

[子どもの様子]
保護者が子どもの課題に気付いていない場合

[所見文例]

- 集団のルールに従って行動することの大切さを、運動会の練習で考えることができました。練習を淀みなく進めるために並ぶときは並び、待つときは待つことができるようになってきました。成長を認め、ルールへの意識を高めていきます。
- 掃除の時間に、前向きに取り組むようになってきました。友達からも成長を認める言葉をもらい、気持ちよく進んで行う姿が多く見られます。○さんの確かな成長をほめ、今後も伸ばしていきます。

 POINT

子どものよさを認めるとともに、指導の成果を示し、保護者とともに改善に向けて取り組むことができるような所見にする。

[子どもの様子]
保護者が自信を持てていない場合

[所見文例]

- 朝しっかりとあいさつをすることができます。給食の時間は好き嫌いせずバランスよく食べることができます。これまでのご家庭での丁寧な指導のおかげです。心が満たされた人は他人を受け入れることができます。友達にやさしくできるのもお家の方の人への関わり方を見て学んだようです。
- いつも鉛筆をしっかり削り、持ち物にもきちんと名前が書かれていることで、気持ちにゆとりを持って学校生活に臨んでいる様子がうかがえます。ご家庭の支えが豊かな心を醸成しています。

 POINT

保護者の中にも自尊感情が低く不安にさいなまれている方がいる。子どもの成長の多くは家庭の教育力の成果であることを伝え、親子とも自信を持たせることが大事である。

学習全体

学習習慣・家庭環境・その他 ▶ その他

子どもの様子
欠席が少なく元気に登校できる子

[所見文例]

- 欠席が少なく，元気に学校に通うことができました。たくさん授業を受け，たくさん友達と遊び，多くのことを学ぶことができました。この調子です。今後も見守っていきます。
- 毎朝の健康観察では「元気です」の言葉をたくさん言うことができました。これは，しっかり睡眠を取ってしっかり食事をするなど体調管理を続けた成果です。来学期も休まず元気に登校することを目指しましょう。

POINT

なかなかほめることが少ないと感じる子でも，視点を変えればよい点はある。学校を休まず元気に登校するというのはすばらしいことである。しっかり見取り伝える。

子どもの様子
転入してきた子

[所見文例]

- 緊張した転入の翌日，クラスの友達と学校探検を行いました。話をするよいきっかけになったようで，表情も和らいできています。今後もさまざまな場面で友達と関わりを持てるようにし，更なる笑顔につなげていきます。
- 転校してきたその日から，クラスの友達と校庭で鬼ごっこをして遊びました。よほど楽しかったのか，翌日は自分からみんなと一緒に校庭に出て行きました。友達と遊びながら少しずつ打ち解けている様子がわかります。

POINT

友達と関わる場面に教師も立ち会い，少しずつ慣れてきている様子を具体的な事例とともに記述することで，保護者に安心感を与える。

学習習慣・家庭環境・その他 ▶ その他

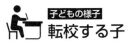
子どもの様子
転校する子

[所見文例]

- 朝は昇降口から友達に元気にあいさつをするなど、よりよい人間関係を自ら結ぶ力を持っています。新しい環境にもすぐに適応し、たくさんの友達をつくることと確信しています。
- 友達が困っているとすぐにかけ寄って声をかけるなど、友達づくりの上で最も大事な状況判断ができます。いままでの様子を考えると、転校して数日もしないうちに友達と笑顔で関わることと思います。こちらの学校と転校先の学校とで、更に友達の輪が広がっていきます。

 POINT

転校することへの不安解消のため具体的事実を挙げ、転校先での友達関係についての不安を和らげ期待へと変える。転校を前向きにとらえられるような言葉かけとしたい。

子どもの様子
新学年に向けて励ましたい場合

[所見文例]

- 漢字や計算の反復練習もご家庭の支援で飛躍的に丁寧になってきました。その丁寧さが書き取りの正解率やミスのない計算につながりました。次の学年では更にたくさんの漢字や複雑な計算を学習しますが、反復練習を継続していってください。
- 運動会や音楽会など、さまざまな場面でリーダーシップを発揮し、クラスをまとめてくれました。周りに流されない芯の強さは○さんの魅力です。中学校でもさらに人間関係を広げ、大きく飛躍できると確信しています。

 POINT

いままでの学びや育ちに意味付け価値付けをすることで自信を付け、新たな目標を提示し、次学年への意欲を高める。

学習全体

学習習慣・家庭環境・その他 ▶ その他

子どもの様子
不登校傾向の子

[所見文例]

- 登校して教室に入ってしばらくすると，登校時の表情とは打って変わって，みんなと楽しく活動することができます。まだしばらくは登校の際，お家の方の協力が必要かと思いますが，教室での笑顔を見ていると，それも必要なくなるときは近いと思います。
- まだ登校に気持ちが向くには少し時間がかかるかと思いますが，朝から教室に入って活動することを目標に，これからも，管理職を中心に，学年・スクールカウンセラー共々対応してまいります。

POINT

教員があたたかく，そして，学校が組織的に寄り添うことで，まずは保護者の不安解消に努める。担任だけでなく，管理職やスクールカウンセラーなど，チームで取り組んでいることを伝える。

子どもの様子
塾や習い事のマイナス面が気になる子

[所見文例]

- すでに理解している内容に取り組むときには，友達に教えたがるほど大変意欲的に取り組みます。今後は，人にわかりやすく伝える力や友達の意見を聞いて自分の考えを深める力を付けていくことを目標にしていきます。
- サッカーが大好きで休み時間も友達と夢中になって遊び，その関わりの中で人間関係を築く力を付けています。土日の練習や試合の後は，睡眠をしっかりとって体力の回復に努めてください。

POINT

先取り学習していることが授業態度に影響している場合，学習の視点を変えるように伝える。運動などで疲れている場合には，体調面を気遣いながら意欲的な取組みを促す。

教科学習

評価の観点と文例の分類について

今回の学習指導要領では，各教科などの目標や内容が「知識及び技能」「思考力，判断力，表現力等」「学びに向かう力，人間性等」の三つの柱で整理されました。これらの資質・能力の育成に関わるのが，「知識・技能」「思考・判断・表現」「主体的に学習に取り組む態度」の観点別学習状況の評価です。

❶ 知識・技能

「知識・技能」は，各教科などにおける学習の過程を通した知識及び技能の習得状況とともに，それらを既有の知識及び技能と関連付けたり活用したりする中で，ほかの学習や生活の場面でも活用できる程度に概念などを理解したり，技能を習得したりしているかについて評価するための観点です。

本書では，おもに，知識や概念の習得状況や，知識や概念の習得に向けた器具や資料の活用状況などを評価する文例を分類しました。なお，ここでの知識は，事実に関する知識と手続きに関する知識（技能）の両方を含みます。

❷ 思考・判断・表現

「思考・判断・表現」は，各教科などの知識及び技能を活用して課題を解決するなどのために必要な思考力，判断力，表現力等を身に付けているかどうかを評価するための観点です。

本書では，おもに，①問題発見・解決していく過程，②自分の考えを文章や発話によって表現したり，考えを伝え合って互いに理解したり，集団としての考えを形成したりしていく過程，③思いや考えをもとに構想し，意味や価値を創造していく過程，を評価する文例を分類しました。

❸ 主体的に学習に取り組む態度

「主体的に学習に取り組む態度」は，子どもたちが思考力・判断力・表現力を涵養するために，教科などの見方・考え方を働かせて学ぼうとしている際の，活動やコミュニケーションなどの様子を評価するための観点です。

本書では，おもに，学習に対して粘り強く取り組もうとしている様子や，自らの学習を調整しようとする様子を評価する文例を分類しました。

参考文献： 中央教育審議会（2015）『教育課程企画特別部会における論点整理』
　　　　　中央教育審議会（2019）『児童生徒の学習評価の在り方について（報告）』

教科学習

国 語

🔍 知識・技能

🔖 読み取ったことや自分の考えなどを図示することによって整理し，わかりやすく的確にまとめることができました。工夫されたノートはクラスのお手本となりました。

🔖 日常的に読書に親しみ，読書の楽しさや有効性に気付くことができました。読書をすることは，ものごとを考える際の視点を増やすことにつながります。今後の読書生活が更に豊かなものになるよう，期待しています。

🔖 誰に対しても友達に対するのと同じ言葉遣いで接しています。相手や場面に応じた言葉遣い，特に尊敬語や謙譲語，丁寧語などの敬語を適切に使うことができるよう助言していきます。

🔖 大きさや配列に気を付けて丁寧な文字を書くことができていますが，時間配分を気にせず進め，時間が足りなくなっているケースが見受けられました。今後は状況に応じて，書く速さも意識的にコントロールしていくとよいでしょう。

🔖 読書の楽しさを実感しきれずにいるようです。人の生き方を追体験できるのも読書の醍醐味です。本に親しむ時間を設け，興味のある人物の伝記などを取り上げるなどして，読書の楽しさを味わわせていきます。

🔍 思考・判断・表現

🔖 友達のスピーチを聞くとき，話の目的は何か，自分に伝えたいことは何かなどを踏まえながら聞き，その上で，友達の考えと照らし合わせて自分の意見をまとめることができました。

🔖 身近に起きたことを題材に意見文を書いた際，自分の考えがよりよく伝わるようにと，文章を引用したり，図表やグラフなどを用いたりするなど工夫を重ねました。完成した文章には説得力があり，友

達から多くの共感を得ました。

✎ 作文に意欲的に取り組みましたが，書きたいことに見合う材料を集めるのに苦労しているように見受けられました。本やパンフレット，雑誌や新聞，インタビューなど，多様な情報媒体を提供した上で，必要な情報を選択できるように助言していきます。

✎ 事実と感想，意見などを区別しながら文章を読み取ったり，文章全体の構成をとらえて要旨を把握したりすることが苦手なようです。新聞記事などを活用して日頃から短い説明的な文章に接する機会を増やし，論理的な文章を読み解く力を育てていきます。

🔍 主体的に学習に取り組む態度

✎ 読むことや書くことの学習を通して思考に関するたくさんの言葉に触れ，その後も自ら積極的に使うことで，語彙を増やすことができました。語感や言葉の使い方に対する感覚がとても豊かです。

✎ 朗読大会に向けて一所懸命練習に励みました。本番では練習の成果を存分に発揮し，自分の思いや考えを自らの声に乗せ，表情豊かにクラス全体に伝えることができました。

✎ 和語，漢語，外来語に興味を持ち，積極的に語源を調べたり，由来を調べたりしました。それをきっかけに言葉への関心の幅を広げ，共通語と方言や世代による言葉の違いなどについても，進んで調べていました。

✎ 話合い活動に積極的に参加できない様子が見受けられました。自分の考えを表明することへの照れや心配が先立ってしまうようです。安心して意見が述べられるような雰囲気づくりとともに，意見を述べやすいテーマを設定するなど，参加意欲を引き出す工夫をしていきます。

教科学習

社 会

知識・技能

- 世界のおもな大陸と海洋の名称や位置，日本列島の特色について理解を深めることができました。地球儀や地図帳を用いて何度も確かめるなど，習熟に向けた努力がすばらしかったです。
- 我が国の歴史上のおもな事象を手掛かりに，大まかな歴史を理解するとともに，関連する先人の業績，優れた文化遺産を理解することができました。
- 調べ学習では，インターネットに頼りがちな姿が見受けられました。学習課題に応じて多様な資料や媒体から選択して活用できるように，今後の調べ学習の中で適宜助言していきます。
- 我が国の工業生産の特色について，まだ十分に理解できていないようでした。工業の種類，盛んな地域の分布，工業製品の改良などについて，地図帳や資料集なども活用しながら一つ一つ確かめ，知識として確実に定着させていきましょう。
- 2点間の方位や距離を確かめたり，緯度や経度を使って位置を説明したりすることがまだ十分ではありませんでした。地球儀や地図帳を用いて，繰り返し確認していきましょう。
- 自然災害と国土の自然条件などとの関連に対する理解が不十分でした。自分の生活と結び付けながら考えてみましょう。

思考・判断・表現

- 世界の大陸とおもな海洋，国の位置を視野に入れながら，我が国の位置，国土の地形，領土の範囲などを調べ，それらをもとに我が国の国土の特色を考え，自分の言葉でまとめることができました。
- 食料生産に携わる人々の工夫や努力を考え話し合う学習では，立場が変わると考え方も変わることに気付き，一つの事象を多角的にとらえる必要性について考察することができました。

- 租税教室で学習した租税の役割について，納める立場と徴収する立場に分かれて意見交換した際に，理由を明確にして説得力のある考えを述べることができました。
- 歴史の学習で学んだことが，単なる事象の暗記にとどまっているようでした。歴史を学ぶ意味を常に自分自身に問いかけながら，学習を進めてみてはどうでしょうか。
- わかったことや自分の考えを，人に伝えることが苦手なように見受けられました。根拠を明らかにし筋道立てて説明する力を育てるとともに，自分の意見を人に伝える楽しさを味わわせていきたいと思います。

主体的に学習に取り組む態度

- 日常会話の内容からも，日頃から社会的事象に高い関心を寄せていることがわかりました。学習場面では，問題を進んで追究し，社会的事象の特色や相互の関連などを考え，自分の言葉で考察をまとめていく姿勢に敬服します。
- グローバル化する世界と日本の役割を考える学習場面では，我が国とつながりの深い国や国際連合，国際協力について進んで調べた上で，自分なりの考えを発表することができました。
- 授業中は黒板を写すことに終始してしまいがちで，社会的事象にあまり興味が持てていないようでした。ニュースや子ども新聞などを通して，社会を見る際の視野を広げるよう助言していきます。
- 学習課題をつくる場面では，とても意欲的に取りかかるのですが，それが最後まで持続しないのが残念でした。意欲が持続できるように，調べる視点を明確にするなどの支援をしていきます。

教科学習

算数

知識・技能

- 分数や小数の四則計算に習熟し、整数や分数、小数の混合計算など、複雑な問題も正確に解くことができます。算数の基本となる計算力が、しっかりと身に付いています。
- 比を用いて二つの数量の割合を表すことができました。また、比の値が等しければ二つの比は等しいことを理解し、実際に等しい比をつくることもできました。
- ドットプロットを用いて資料を整理し、データの散らばり具合を正確に把握することができました。それをもとに、最頻値や中央値、平均値を見付けることもできました。
- 公約数と公倍数とを混同してしまい、分数の通分ができないことがありました。基本に立ち戻り、約数の意味、倍数の意味をもう一度しっかりと理解した上で、公約数と公倍数の問題を、分けて考えるようにしていきましょう。
- 点対称の図形の対応する点・辺・角を、なかなか見出すことができませんでした。対称の中心となる点を中心に図形を180度回転させて考えることに、苦戦しているようです。作図を繰り返すことで、点対称の対応関係について理解を深めていきましょう。
- 身の回りにある図形を三角形や四角形の概形としてとらえ、およその面積を求めることが苦手なように見受けられます。日頃からこのような処理の経験を重ね、感覚を身に付けていきましょう。

思考・判断・表現

- 長方形の面積の求め方をもとに、平行四辺形や三角形の面積の求め方の公式を導き出しました。その過程で、多様な考え方に触れ、自らの考え方を広げることができました。
- 起こりうる場合の学習では、図や表を用いて落ちや重なりがないよ

うに調べる方法を考え，表現の方法を工夫しながら，筋道立てて考えていくことができました。

✎ 調べる条件をなるべく少なくして合同の図形を見付け出す課題では，どのような方法があるかを試行錯誤しながら考え，合同条件を導き出すことができました。

✎ 小数の乗法の式の意味を説明することに苦戦しました。小数をかけることは，割合にあたる大きさを求める計算をすることであることを理解できるよう，数直線を用いて指導していきます。

✎ ともなって変わる二つの数量の関係に規則性を見付けることに苦戦していました。一方の数が2倍，3倍になると，もう一方の数はどうなるかを調べ，それを言葉で表すことによって考えを整理するように助言していきます。

✎ 単位の意味をしっかりととらえられていないようです。これまで学習してきた単位間の関係と，体積の単位間の関係を比較し，総合的に考察することを助言していきます。

主体的に学習に取り組む態度

✎ 縮図・拡大図の学習で学んだことを積極的に生かそうとし，学級活動では，模造紙のマス目を手掛かりにしながら下絵を上手に拡大し，素敵な学級旗をつくりあげました。

✎ 家庭学習に積極的に取り組み，学校で学んだことと日常生活の事象とを結び付けて考えノートにまとめるという学習に挑戦し，根気よく続けました。数学的な見方・考え方が大きく広がり，確かな力を付けました。

✎ 解法を見付ける学習場面で，ノートに自分の考えを書く活動が疎かになってしまいがちです。結果だけでなく，思考の過程を明確にすることも大切にするよう指導していきます。

教科学習

理　科

知識・技能

- 溶かす食塩の量を正確に測り，少しずつ増やしていきながら，水に溶ける食塩の分量や粒子の様子を溶け残りが出るまで根気強く細やかに記録することができました。
- 人の体のつくりや働きについて，模型や映像を通して理解を深めることができました。理解の定着をはかるためにも，心拍や脈拍，胃・小腸・心臓など，体に関する身近な話題にご家庭でも触れてみてください。
- 実験や観察の際，記録の取り方が大ざっぱになりがちです。記録の取り方によってデータや結論が変わる場合があることを具体例で示し，記録の取り方の重要性を意識させながら，正確な記録の取り方を身に付けさせていきます。
- 土地のつくりと変化に関する学習の理解が十分ではないようです。地質ボーリングの資料などを確認して，地層について理解を深めていきましょう。
- 理科の学習では顕微鏡を使う機会が少なくありません。顕微鏡の正しい使い方について，再度確認しておきましょう。
- 月の位置や形，太陽との位置関係について，まだ十分に理解が深まっていないようでした。天体モデルや天体図を用いて，再度確認しておきましょう。

思考・判断・表現

- 植物の育ち方を考える学習場面では，発芽に必要な条件について予想を立て，それを検証するために，比較する条件を一つに絞って五通りの実験計画を立てました。筋道立てて調べることにより，結果から的確な考察を導き出すことができました。
- 翌日の天気を予想する学習場面では，数日間の雲の量や動きに着目

- して，天気はおよそ西から東へ変化していくという規則性を踏まえ，気象情報とも関係付けながら考え，見事予想を的中させました。仮説を検証することができました。
- 試行錯誤の末，てこがつり合う仕組を発見しました。規則性を自分の力で見出す楽しさや醍醐味に気付いたことは大きな成長です。
- 植物に色水を吸わせる実験では，茎や葉の切り方を間違えてしまいました。何を調べるのか，実験の結果何がわかるのかをよく理解しないまま，実験をはじめてしまったからだと思います。もう一度，筋道立てて実験内容の確認をしておきましょう。
- 発芽の条件と成長の条件を混同しているようでした。実験結果を記録したノートを振り返り，両者の違いを確認しましょう。

主体的に学習に取り組む態度

- 毎日，欠かさずえさやりをしながら，メダカを大切に育てました。卵を産んでからは，顕微鏡を用いて卵の変化の様子を日々継続して観察しました。観察カードにはそれが丹念に記録され，メダカへの愛情が伝わってきました。
- 電流がつくる磁力の学習をもとに，モーターづくりに挑戦しました。自作のモーターで物を動かすことができたときに，思わず歓声を上げるなど，熱中してつくり上げる姿が印象的でした。
- 根気よく続けることが苦手なようです。電磁石の学習では，巻数の異なるコイルづくりに取り組んだ際，友達に励まされ，手伝ってもらいながら完成させることができました。粘り強く主体的にやり遂げることのよさを味わえるよう，支援していきます。
- 新しい学習への興味・関心や活動への意欲は高いのですが，学習が深まる前に飽きてしまうようです。予想や実験計画の立案などの過程を経ても意欲が持続できるように，声かけをしていきます。

教科学習

音楽

知識・技能

- 自然で無理のない，響きのある歌い方で民謡を歌い，友達を魅了しました。学級全体の表現の幅も広がりました。
- 木琴や鉄琴は，打つ強さ，音盤の打つ場所，マレットの材質や硬さを変えたりすると，音色や響きが変化することに気付きました。
- 自分の担当の楽器を熱心に演奏するあまり，全体の響きを合わせることまで思いがいたらなかったようです。各声部や楽器の役割を意識し，互いの演奏をじっくりと聴くよう助言していきます。

思考・判断・表現

- 楽曲にふさわしい表現を考えて演奏の仕方を工夫することができました。主旋律と副次的な旋律が呼びかけ合ったり重なったりするおもしろさを伝えるために，主旋律が引き立つ強さで副次的な旋律を演奏したのは見事でした。
- 音楽づくりの学習では，自分のイメージに近づくように，音の重ね方や強弱，速度などを工夫しながら，試行錯誤を重ねて，納得のいく音楽をつくりあげることができました。
- ＣＤジャケットをつくる学習場面では，さまざまな演奏者による演奏を聴き比べ，おすすめの演奏を選んだ理由を明確にした上でデザインに反映して，多くの友達から共感を得ました。

主体的に学習に取り組む態度

- 友達と気持ちを合わせて歌ったり演奏したりする楽しさを味わいながら，さまざまな音楽に親しみ，学校生活にも積極的に音楽を取り入れるなど，主体的に音楽に関わることができました。
- 音楽活動に苦手意識があるようです。心を合わせて一つの音楽をつくり上げる経験を通して達成感や自信を味わわせていきます。

図画工作

知識・技能

- 「糸のこドライブ」の学習では，安全に配慮しながら糸のこぎりを自在に操作し，美しい曲線の作品をたくさん生み出しました。
- 自分の表現したいことに適した方法や材料，用具を選ぶことに苦戦しているようでした。今後はさまざまな材料や用具を経験させ，選択の幅を広げさせていきたいと思います。

思考・判断・表現

- 学校を一つの大きなステージに見立て，材料の配置や場所の雰囲気などを検討したり，周りの様子との調和を考えたりしながら，ダイナミックに活動を進めることができました。
- 学校のお気に入りの場所を写生する活動では，建物の量感や奥行き，窓から光が差し込んだときの明るさなどに着目して，それらの要素を自分の表現に生かすことができました。
- 失敗を別の視点からとらえ直すことで新たな発想や構想を生み出し，最初の考えよりも気に入った作品をつくることができました。
- 美術館に行って，鑑賞の仕方を学びました。本物の作品をじっくりと鑑賞し，表現の意図や特徴などを話し合うなどして，自分の見方や感じ方を深めることができました。

主体的に学習に取り組む態度

- 造形活動では，制作に取りかかってからも発想を広げながら，自分の表したいイメージにより近付けようとする姿が見られました。自分の作品への愛情が感じられ，すばらしかったです。
- 立体で表現することに苦手意識があるようです。アイデアスケッチを使って制作の見通しを持たせながら，自信を持って取り組めるように支援していきます。

教科学習

家 庭

🔍 知識・技能

- 手縫いとミシン縫いを使い分けながら丁寧に作品を仕上げることができました。針やはさみの扱い方，アイロンの置き方やミシンの出し入れなど，安全面に十分気を付けることもできました。
- 包丁で野菜を切ったり，フライパンで野菜を炒めたりする作業を，こわごわと行っている様子が見られました。家庭でも実践することで自信が付いていくと思います。

🔍 思考・判断・表現

- おもな栄養素の種類とおもな働きについて学習したことをもとに，栄養のバランスを考えて，工夫のある昼食の献立をつくりました。高い評価を得て，給食にも採用されました。
- 整理整とんや清掃の仕方について学習したことをもとに，校内の汚れている箇所調査を行い，汚れの種類や程度に応じた清掃の方法を考えて，工夫のある実践計画を立てることができました。
- 物や金銭の大切さと計画的な使い方，物を購入するために行う情報収集・整理の仕方などについて学習したことをもとに，自分なりに工夫して「買い物名人○か条」を作成することができました。

🔍 主体的に学習に取り組む態度

- 家族の仕事調べを通して家族は互いに協力し合う必要があることを学び，夕飯の片付けを自分の仕事と決め，続けているのはりっぱです。家族の一員としての自覚と責任の芽生えを感じます。
- 衣服の働きについて学習し，季節や状況に応じた衣服の着方や日常着の手入れの仕方，その大切さや必要性について理解を深めましたが，まだその学びを日常生活に生かすことができていないようです。実践に結び付けていけるよう指導していきます。

体育

知識・技能

- 回転系では開脚前転，伸膝後転，巧技系では補助倒立を選び，それらを組み合わせた連続技がスムーズにできるように練習に励み，発表の場では友達から称賛されるほどの技術を披露しました。
- 安全確保につながる運動として背浮きや浮き沈みに挑戦し，目安の時間や回数をクリアできるようになりました。着衣泳の際も，水の中で落ち着いて行動できました。
- 踊ることに苦手意識があるようでした。心が付いていかないと，動きが小さくなりがちです。映像を見せるなどして踊りのイメージをつかませ，体で表現することへの照れを払拭させていきます。

思考・判断・表現

- ハードル走では，三歩のリズムで走り越えることができるように，自分に合ったインターバルを選び，練習に励みました。友達と互いに見合い助言し合って，見事目標の記録を達成しました。
- 自分のけがに関わる経験や学習したことをもとに，危険の予測や回避の方法，けがなどの適切な手当ての方法を考え，全校に発信しました。

主体的に学習に取り組む態度

- 自己の課題を見付け，解決に向けて体の動きを高める学習に取り組みました。学習後も継続して友達から助言を受けたり，友達のやり方をまねしたりして，積極的に取り組んでいたのはりっぱです。
- ゲームに向けた練習や話合いの中で友達の考えを聞き入れなかったことや，ゲームの勝敗を素直に受け入れない場面があったことは残念でした。能力が高いからこそ，よきリーダーとして更なる成長を遂げることを期待しています。

教科学習

外国語

● 聞くこと

知識・技能

- ALTの自己紹介を聞き，名前や出身地，誕生日，好きなスポーツなどについて聞き取ることができました。
- 夏休みの思い出を語り合う二人の会話を聞く活動では，どこに行ったか，何を見たか，何を楽しんだか，何を感じたかなどを聞き取り，感想を持つこともできました。
- 英会話を聞き内容を理解することに最初は苦戦していましたが，繰り返し聞いているうちに英語の発音に慣れ親しみ，語と語の連結による音変化をともなう表現についても自然に聞き取れるようになったのは大きな成長です。

思考・判断・表現

- レストランで料理を注文したりお店で値段を聞いたりする場面を，ビデオで見たりCDで聞いたりする活動では，登場人物が丁寧な言い方で聞いたり答えたりしている様子に気付き，英語も場面に応じて表現の仕方が異なることを理解できました。
- 強弱によるアクセントの付け方や，英語特有のリズムに慣れずに苦戦しましたが，重要な情報に強勢が置かれることを理解してからは，それを手掛かりに内容を正しく聞き取ることができるようになりました。

主体的に学習に取り組む態度

- 東京オリンピックの際に外国の方に案内や説明ができるようになりたいという思いを持ち，オリンピックやパラリンピックの種目に関する英会話を繰り返し聞いていました。
- ゆっくりはっきり話されたALTの自己紹介を熱心に聞き取ろうとしていました。ALTが紹介してくれたカナダの文物に興味を持ち，日本とは異なる英語圏の文化やその背景について理解を深めていました。

● 読むこと

🔍 知識・技能

- 絵カードに書かれた動物を英語で発音したのち，その語を構成する文字を見て，それぞれの名称を正しく発音することができました。（cat を見て，si:/ei/ti: と発音するなど）
- 外国人向けの観光用パンフレットを読んで，写真やイラストなどを手掛かりに，地域の有名な建物や公共施設，飲食店などを表す英語の表記について理解することができました。
- 聞いたり話したりする活動では単語を上手に発しています。単語を読むことに苦手意識があるようです。文字数の少ない身近な語句を繰り返し取り上げるなどして，文字への抵抗感を減らしていきます。

🔍 思考・判断・表現

- 外国の友達から送られてきた日課を記した英語の手紙を，同封の写真も手掛かりにして，自分の生活と比べながら意味を推測して読み，内容を理解することができました。更に手紙の返事をどのように書くか考えることもできました。
- 初見の英語句でも，文字の音を頼りにその語句の読み方を推測して読むことができました。
- 絵本を使った活動では，最初，絵にしか関心を示しませんでしたが，繰り返し出てくる表現に着目して読めば，内容を推測できることに気付き，絵も参照しつつ最後まで英文を読み進め，絵本の内容を理解することができました。

🔍 主体的に学習に取り組む態度

- 外国の6年生がつくった小学校生活の思い出アルバムを読み，写真と二つの英文から思い出の概要を理解できました。更に，自分たちの生活との違いや共通点についても考えることができました。
- 英語の絵本に進んで親しみ，絵を手掛かりに内容を推測したり，語句の読み方を推測して読もうとしたりしていました。

● 話すこと[やり取り]

知識・技能

- "When is your birthday? / My birthday is 〜." という表現を用いて誕生日を聞き合う活動では，欲しいプレゼントを聞いたり答えたりする会話にまで発展させることができました。
- 夏休みの思い出を伝え合う活動では，"I went to 〜." "I enjoyed 〜." などの表現を用いて，ペアで行った場所や楽しんだことなどについて言ったり聞いたりすることができました。
- オリンピックやパラリンピックについて，"What sport do you want to watch?" と聞かれ，自分の見たいスポーツを答えることができませんでした。自分の力で英語の質問に答えられるよう，ジェスチャーを交えることなども助言しつつ，指導していきます。

思考・判断・表現

- 行ってみたい国や地域について，"Where do you want to go?/I want to go to 〜." という表現を用いて，行きたい理由も含めて説明したり，友達の意見を聞いたりすることができました。
- "I want to be 〜." から始まる友達の将来の夢を聞いて，いろいろな夢があることを知り，思うところがあったようです。自分の夢について改めて考え直し，"What do you want to be?" という問いに対して自信を持って答えることができました。
- 互いの国の文化のよさを伝え合う活動で，日本の文化を伝えることができませんでした。まずは自国の文化を見直し，それを英語でどう表現すればよいか指導していきたいと思います。

主体的に学習に取り組む態度

- 学校を訪れた外国からのお客様に対して，自分から進んで話しかけ，英語によるあいさつや自己紹介をすることができました。
- 相手の理解を確かめながら話したり，相手が言ったことを共感的に受け止めたりしながらコミュニケーションをはかっていました。

● 話すこと［発表］

🔍 知識・技能

- ペアで自己紹介する活動を通して知った友達の趣味や得意なことなどを，他己紹介の形でクラス全体に紹介する活動では，代名詞を用いて発表することができました。
- 行ってみたい国や地域について旅行プランを立てる活動では，"I want to go to 〜."という英文から始めて，プランの内容を順序よく説明することができました。
- 英語を話そうとする意欲が高まっています。基本的なイントネーションがうまく表現できていないことがあるため，声に出して，自分の耳で確かめる活動を繰り返していきましょう。

🔍 思考・判断・表現

- 自分のヒーローを紹介する活動では，"He is good at 〜.""He can 〜."などの表現を用いて，お父さんの得意なことやできることについて，自分の考えを含めて伝えることができました。
- "My best memory is 〜."の表現を用いて，小学校生活で一番の思い出として運動会のことをいきいきと発表することができました。
- 自分の町の特色やお気に入りについてスピーチを行う活動では，"I like my town."の後，スピーチが続きませんでした。伝えようとする内容が定まっていなかったようです。友達の発表を参考に，改めて自分の町に対する思いや考えを整理し，どう表現するとよいか考えてみましょう。

🔍 主体的に学習に取り組む態度

- 自分のよさや特技について，これまで学習した表現を用いて，自信を持って英語で発表することができました。
- 将来の夢や職業を伝え合う活動では，相手の理解を確かめながらコミュニケーションをはかろうとしていました。

> 教科学習

● 書くこと

> **知識・技能**

- 活字体の大文字や小文字について，文字の高さの違いや紛らわしい文字に注意しながら，正しく書き分けることができました。
- 語順を意識しながら，簡単な語句や基本的な表現を書き写すことができました。
- 名前や年齢など，自分に関する事柄について，お手本の英文を参考にしながら，正しく書き写すことができました。

> **思考・判断・表現**

- 英語の表現には決まった語順があることに気付き，語と語の区切りに注意してスペースを置き，正しく書き写すことができました。
- 自分の名前，趣味，好き嫌いなどについて，例示された語句や表現から言葉を選んで書き，友達に伝えることができました。
- 夏休みの思い出について，例文を参考に語順を意識しながら書くことができました。
- 文を書き写す際に，動詞と目的語の順序を間違えてしまうことがありました。音声で十分に慣れ親しませたのち，語順を意識しながら書くよう促していきたいと思います。

> **主体的に学習に取り組む態度**

- 中学校でがんばりたい学習や，やってみたい部活動について，積極的に自分の考えを持ち，それを英文で書き表そうとしました。書くことへの高い意欲に感心しました。
- 日本の行事，食べ物，遊びなどについて，例文を参考に粘り強く紹介文を書こうとしていました。作成した文をもとに，日本の文化を紹介する発表をすることができました。
- 自分の名前を英語で書く活動に苦戦しました。書くことへの苦手意識が大きいようです。さまざまな場面で，姓名の頭文字を書くことから始め，英語を書くことに慣れ親しませていきたいと思います。

総合的な学習の時間

所見記入時の留意点

　高学年の総合的な学習の時間の所見では，答えの出ない社会問題について取り組む場合があります。しかし，答えを求めているのではなく，変化していく社会に積極的に関わる意欲と能動的に関わる態度が大切です。更には，その追究方法も中学年とは異なり高度で多岐になります。この点をしっかりと踏まえた上で所見を書かなければなりません。これらのことを踏まえた上で所見を書く際には，以下の点を考えておく必要があります。

❶ 学びの対象とそこから学び取ったことを伝えます

　社会性のある問題など，学習対象として取り組んだ内容をコンパクトに伝えます。しかし，中学年同様そこに留めることなく，子どもがそこから何を学んだかということを表現することが大切です。活動中の発言やカードから知識や技能・思考や判断などを確実に把握していくことが求められます。そして，そのことが学習の進展にともないどのように変化していったかということもしっかりと把握し伝えていくことが大切です。

❷ 他教科や領域等，これまでの学び方が生かされていることを伝えます

　高学年では中学年の積み重ねに加えて，他教科や領域での学習方法も生かしていくことがいっそう求められます。課題設定段階での話し合いや討論，追究段階でのインターネットなどのツール，まとめの際のポスターセッションなどの表現方法もさまざまです。これらの特徴や利点をあらかじめ教師がしっかり把握しておくことが，子どもの活動における育ちや学びの把握につながり，それはまさに通信簿の文言にも直接影響してきます。

❸ 単元を通しての育ちや学びに意味や価値を付けて書きます

　単元の終盤で行う振り返りの活動の中では，特にこれまでの学びの内容や深まりを見取ることができます。学び取ったことに意味や価値を付けて所見を通して子どもたちに伝えます。そこで子どもたちは自信を深め，次への意欲を高めます。子ども自身が必ずしも単元を通した自分の学びや育ちを自覚しているとは言えません。教師が子どもの学びや育ちにしっかりとスポットライトを当てて所見で表現することは，特に学びを確かにさせ，自信を深めさせ意欲を高めさせるために必要な指導の一つです。

総合的な学習の時間

知識・技能

[現代的な諸課題に対応する横断的・総合的な課題]

- 「野川の環境を調べよう」の単元では，酸素透過濃度などいくつかの水質検査の実験を行いました。科学的根拠と過去のデータからの推移をもとにグラフや表を使ってまとめました。理科や算数で学んだことを生かしてわかりやすく伝えることができました。

- 「私たちの自然公園についてくわしくなろう」の単元では，公園の利用者に公園を利用する理由についてインタビューをしました。インタビュー回数を重ねるごとに上手に話しかけることができるようになり，国語で学んだ話し方の技術について更に高めることができました。

- 「地球環境を考えよう」の単元では，温室効果ガスの問題について図書資料のほかに環境省のホームページを用いて調べるなど調べ方のバリエーションを増やすことができるようになりました。

- 「市の福祉について知ろう」の単元では，介護認定から受けられる福祉サービスについて調べ，高齢者増加の問題とあわせて，図やグラフを効果的に用いてわかりやすく説明することができました。

- 「世界友達プロジェクト」の学習では，オリンピックに参加する世界の国々の食文化や習慣，同世代の子どもの学校生活の様子や遊びなどについて日本と比較しながら調べ，世界地図に書き込んでわかりやすくまとめることができました。

- 「情報モラルについて考えよう」の単元では，情報拡散の怖さや軽はずみな書き込みの影響などについて，それが犯罪やいじめ自殺のきっかけとなる現実を警察の方から学びました。便利と危険が隣り合わせであることを知り，正しい知識を持って利用しようという意識を高めることができました。

[地域や学校の特色に応じた課題]

- 「私たちの菊祭り」の単元では、菊祭りの歴史や地域に伝わる有形、無形の文化遺産などについて、町会長や市の市史編纂課から情報を得るなどしてまとめることができました。更に回答者から次の方を紹介してもらうことで深く確かに学ぶことができるなど、探究する方法を学びました。

- 「○○小ビオトープづくり」の単元では、水辺の生き物が住みやすい環境づくりについて、実験や観察を通して学びました。特に、見た目に浄化されている状態の水質と自然の池に近い状態の水質とを比較するなどしながら、生き物の共生について考えることができました。

- 「おいしいお米を育てよう」の単元では、減農薬農法や合鴨農法について調べました。農薬の役割と弊害について学んだことで、環境問題に関心を寄せることができました。

- 地域に関する学習では、理科や社会科で学んだ知識を活用したり、国語で学習した表現方法を駆使したりと、教科学習で学んだことを存分に応用することができていました。

[児童の興味・関心に基づく課題]

- 生活と健康の学習では、特に睡眠と食事について関心を持ち、図書館やインターネットで調べたり、養護教諭にインタビューしたりするなどして追究しました。学んだことをもとに、自分の生活を見直すことができました。

- 統計資料を的確に読み取り、世界の食糧問題について理解を深めました。また、自分たちの食事のあり方にも興味を持ち、近隣のスーパーマーケットへの取材やお家の方への聞き取り調査により、食料の流通に関わるさまざまな工夫やライフタイルによる消費の違いなどに気付きました。

総合的な学習の時間

思考・判断・表現

[現代的な諸課題に対応する横断的・総合的な課題]

- 「ようこそ東京オリンピックへ」の学習では，世界の国々を調べる中でイギリスやスペイン，ポルトガルやフランスなど，ヨーロッパの文化の影響について大陸ごとに分類したり整理したりしました。わかりやすいプレゼンテーション方法について，身に付けることができました。

- 「車いすにやさしい町プロジェクト」の単元のまとめ発表では，ビデオや写真を効果的に使いながらパワーポイントを使って発表するなど，プレゼンテーション能力が伸びてきました。

- 「SNSについて正しく知ろう」の単元では，利便性と危険性について警察の方にうかがいながらまとめ，電子黒板と寸劇を併用して伝えるなど，効果的な方法で表現することができました。

- 「食習慣と健康」の単元では，家庭科の学習の発展としてジャンクフードの塩分や油分のデータから，自分たちの食生活を見直す視点を明確にしてまとめることができました。

- 社会科学習の発展として取り組んだ「税金の行方」の単元では，日本とほかの国々の税制や使われ方を比較しながらまとめました。タブレット端末を用いながらモニターに映し出して説明するなど，効果的なプレゼンテーション方法を身に付けることができました。

[地域や学校の特色に応じた課題]

- 「和食の基本となる出汁についてくわしくなろう」の単元では，世界共通語となっている「UMAMI」の成分とその原材料の情報を集めて分類するなど，資料活用の力が付いてきました。

- 「和食の基本となる出汁についてくわしくなろう」の単元では，日本の出汁について，生産地や用途別にまとめ，発表時には出汁のひき方を実演し試飲まできちんと用意するなど，まとめたことを聞き手に伝わるように効果的に表すことができました。

- 「さあ6年生！」の単元では，来年度入学してくる近隣の幼稚園，保育園に出向き，子どもたちの実態把握，小学校への期待や不安をリサーチしてきました。そのリサーチをもとに，園に出向いて写真やビデオを効果的に使って，園児にもわかるように小学校生活の楽しさを伝えることができました。
- 「つながろう，世界友達プロジェクト」では，鍵盤ハーモニカを発展途上国に送る企画をきっかけに，自ら課題を設定し，取材先の情報を集めるなど，学習活動の推進役となりました。

[児童の興味・関心に基づく課題]

- 車いす体験から学校のバリアフリー化に関心を持ち，校内のどのような箇所に問題があるかを調べました。調査結果をもとに，優先度や予算などさまざまな条件を考慮に入れた上で，体育館の昇降口にスロープを設置することを提案しました。
- 環境問題の学習では，いくつかのテーマから「河川」に興味を持ち，「〇〇川の外来種」を自分の学習課題に選びました。共通の関心を持つ友達と協力しながら，自分の設定したテーマにこだわりを持って粘り強く探究することができました。
- 「人にやさしい町づくり」の学習では，外国の方の視点から人にやさしい町づくりを考えました。駅や公共施設の案内表示を調べたり，外国の方にインタビューをしたりして，改善を要する箇所をカメラで撮影して発表用のスライドをつくりました。自分で課題を設定して追究する力が育っています。
- 「災害に備えよう」の単元では，同じ学習課題に取り組んだグループの友達と協力し，「起こりうる災害の種類」「日頃の備え」「災害が起こったときの緊急対応」などについて追究しました。分担して調べたことをポスターにまとめ，みんなにわかりやすく伝えることができました。持ち前のリーダーシップでグループ学習を引っ張ってくれました。

総合的な学習の時間

主体的に学習に取り組む態度

[現代的な諸課題に対応する横断的・総合的な課題]

- 家庭科の発展「和食の基本となる出汁について詳しくなろう」の学習では，板前の方にうま味成分と出汁のひき方について学ぶ中で板前の方の仕事にかける情熱に触れ，自分も将来情熱をかけられる仕事に就きたいという思いを持つことができました。

- 「オリンピック選手の秘密を探ろう」の単元では，アスリートの管理栄養士の方にお話をうかがい，成長や健康のために必要な栄養や望ましい食事の取り方があることを知りました。自分の食生活をあらためて確認する中で，食習慣の改善に向けた努力の大切さを実感し，将来に関わる食生活のあり方について考えるきっかけとなりました。

- 「人にやさしい町づくり」の単元では，介護支援センターについて調べました。センターの方にインタビューする中で，介護用品の開発など現在も進化し続けていることを知り，開発者へのあこがれを持つことで将来の自分の理想のあり方をイメージし始めるきっかけとなりました。

- 社会科で学習した地球温暖化の問題について，更にくわしく追究しました。自分たちの身の回りにも目を向け，学校や自宅のエネルギー使用量を調べました。小さなことでも一人一人の心掛けが大きな効果を生むという考えを持ち，取組みの必要性について校内外に発信することができました。

[地域や学校の特色に応じた課題]

- 「災害に備えよう」の単元では，震災以前のハザードマップと震災後のマップを比較したり，自分たちの町のマップを取り寄せたりするなどして検討しました。避難する際には，連れていってもらう側から近隣の保育園や地域の方々をお連れする役割を担う年齢になっていることも学び，自覚と責任感が育ってきています。

- 「私の町のそばづくり」の単元では，有名な地元のそばの由来や歴史を調べ，そばや出汁の生産者の思いに触れ，郷土意識がいっそう醸成されました。
- 学区の商店街にある八百屋さんで，販売の体験をしました。お店の方の日々の努力や工夫を知るとともに，地域に密着して町づくりに貢献しようという思いに触れました。学習を終えた後も，地域のお祭りや清掃活動などに進んで参加し，地域との関わりを深めています。
- ごみ問題に興味を持ち，学校のごみの量の経年変化を調べ，グラフにまとめました。生ごみの量が年々減ってきている理由について，栄養士さんや調理師さんへのインタビューも踏まえて，さまざまな取組みの成果であることに気付きました。この学びをきっかけに，社会のごみ減量のために自分でできることを考える姿勢が育ってきています。

[児童の興味・関心に基づく課題]

- 福祉のテーマ学習では盲導犬に関心を持ち，本やインターネットで調べたり，盲導犬協会に問い合わせたりして，学習課題を追究しました。盲導犬を育成する仕事へと興味・関心が広がり，将来は福祉の仕事を通して世の中の役に立ちたいという思いが芽生えたようです。
- 地域のさまざまな外国の方との交流を通して，異なる生活習慣，宗教や文化に興味を持ちました。また，それらの違いを尊重しつつ，お互いを大切にすることの大切さにも気付いたようです。
- 「SNSについて正しく知ろう」の学習では，SNSとの上手な付き合い方について学びました。自分たちが身近に接している情報ツールの危険性を知るとともに，対面でのコミュニケーションの価値をあらためて見直すことができました。

特別の教科 道徳

所見記入時の留意点

❶ 道徳科で評価するのは「学習状況」や「道徳性に係る成長の様子」です。これを記述式で評価します

　学習活動を通じた学習状況では，①より多面的・多角的な見方へと発展しているか，②道徳的価値の理解を自分自身との関わりの中で深めているかに着眼します。

　さらに道徳科で養う「道徳性」は，1時間の授業では簡単に身に付かず，容易に判断できるものではありません。したがって，道徳性に係る成長の様子は，学期や学年という長い期間を通して身に付くものであり，これらをとらえて全体的な評価をします。

❷ よい点，伸びた点を書いて励ます評価をします。ほかの子どもと比べるものではありません

　道徳科では，本人の長所，成長を認めて励まし，勇気付ける個人内評価を行います。道徳性の発達が遅い子でも，本人としてよい点，伸びた点が必ずあるはずです。もちろん，他者と比べることはせず，どれだけ道徳的価値を理解したかの基準を設定することもありません。

❸ ある授業のエピソードや学期・学年での特徴・進歩を，子ども・保護者に伝えます

　指導要録では，1年間という一定のまとまりの期間での特徴や進歩を記述することになりますが，通信簿では，学期やある時間の授業の特徴的なエピソードを書いて，子どもを励まして自己評価を促したり，保護者に伝えたりすることが大変有効です。

❹ 知識・技能は，「道徳的価値の理解」に対応します

　各教科のように単に概念として理解するのではなく，自己を見つめたり交流や話合いを通したりして，現実生活で「生きて働く知識・技能」として習得されたときに評価します。

特別の教科　道徳

❺ 思考・判断・表現は，道徳的問題について，「物事を多面的・多角的に考え，自己の生き方についての考えを深める」に対応します

　道徳的問題を主体的に考え判断し，対話的・協働的に議論する中で，「自己の生き方」を思考・判断・表現しようとしたときに評価します。

❻ 学びに向かう力，人間性等は，「よりよく生きるための基盤となる道徳性」に対応します

　「主体的に学習に取り組む態度」として観点別評価を通じて見取ることができる部分と，「人間性等」のように感性や個別の道徳的価値観が含まれるため観点別評価や評定になじまない部分があります。したがって，どのように学びを深めたかは個人内評価で見取ります。

　道徳科では，育成する道徳性を各教科等のように三つの資質・能力で単純に分節することはできません。

❼ 道徳科の評価が基本ですが，道徳教育の評価を記述する場合もあります

　通信簿の道徳欄は，道徳科の授業を中心とした評価の記述が基本となります。ただし，学校の方針によっては，学校教育全体を通した道徳教育の評価も記述する場合もあります。

❽ 記入事項の説明責任が果たせるようにします

　道徳の評価においても，なぜこのような評価になったかを問われたときに，具体的に説明できなくてはなりません。そのために大切なものが，評価のもととなる道徳ノート，ワークシート，観察記録などの資料です。

❾ 評価は一人で行わず，学校として組織的・計画的に行います

　道徳の評価には，学習評価の妥当性，信頼性を担保することが重要です。学校として組織的・計画的に行う「チームとしての評価」は，これを担保する一つの方法です。

特別の教科 道徳

知識・技能

- 登場人物を自分のことのように考えたり，自分勝手な振る舞いをしたときの自分の気持ちを振り返ったりして，自律的に判断するよさに気付き，責任のある行動をしようとしています。

- 学校の歴史や地域のよさに気付き，6年生からのメッセージを聞いて，「4月からは最高学年として，よりよい学校をつくっていく」という意欲を高めました。

- 話合いを通して，誰に対しても思いやりの心を持つ大切さに気付き，相手の立場に立って親切にしようとしています。

- 話合いを通して，きまりを守る理由が人によって違うことを知り，自分がきまりを守る理由について考えを深めることができました。自律的に守ることの大切さと日常生活の中で実行していくことのむずかしさも感じ取りました。

- 「命のアサガオ」では，心に残った場面を話し合うことで，なぜ心に残ったのか，考えを深めることができました。命の有限性に目を向け精一杯生きていこうとする気持ちが育ちました。

- 「手品師」では，悩んだ末に男の子との約束を優先した手品師に共感していました。友達と思いを話し合うことで，ねらいとする道徳的価値の理解を深めることができました。

思考・判断・表現

- 話合いでは，友達の意見や考え方を取り入れ，関係者の心情や事情にも配慮して考えようとしています。

- 問題を解決する過程で比較したり理由や根拠を挙げたりして，多角的・多面的に考えようとしています。

- 子ども同士，教師，保護者，先哲などとの対話を通して，異なる意見と向かい合い議論したり，葛藤や衝突が起きる場面で多面的・多角的に議論をしたりすることができました。

特別の教科 道徳

- グループ学習での話合いを通して，別の可能性や選択肢を考え，更に探究しようとしています。
- いじめ問題について，加害者，被害者，傍観者の立場から考えて，さまざまな角度から話し合うことで，自分自身が少しでもできることを考えようとしています。
- 「きまりはなぜ大切か」「どうして意地悪をしてはいけないのか」など，友達と積極的に話し合い，自他の権利や義務という観点から，自分はどう行動したらよいかと考えを深めています。
- 「うばわれた自由」では，自由と規律が葛藤する状況をみんなで熱心に議論しました。多面的・多角的に考えることで「本当の自由」を大切にしていこうとする態度が身に付きました。

主体的に学習に取り組む態度

- 自分を見つめたり，積極的に話し合ったりすることを通して，これからの課題や目標を見付けようとしています。
- 自らを振り返って成長を実感したり，学習改善に向かって見通しを持って，自らの学習を調整したりしようとしています。
- 教材の中で取り上げられた登場人物の葛藤について，自分ならどうするかその理由は何かなど一所懸命考察することができました。
- 命の学習を通して，社会にどう役立ちたいか，自分の将来の夢や展望について考えを深めています。
- 友達との関係について考える学習では，自分の経験に基づく友達との付き合い方を積極的に話し合い，協力して学び合う活動を通して互いに切磋琢磨し合う，真の友情を育てようとしています。
- 「また，勝てばいい」では，主人公である羽生善治さんの言葉や生き方から，自分の夢についての考えを深めることができました。目標に向かって努力していこうとする姿勢がすばらしいです。

第2章 行動・特別活動の所見文例

所見記入時の留意点

❶ 日常的な観察によって豊富なデータを収集します

　学習についてよりも，行動や特別活動についてのほうが，客観的なデータを収集し，適切な表現をするのが困難です。日頃より，行動については項目ごとに，特別活動については内容ごとに，子どもそれぞれについてきめ細かいデータを収集し，整理をして記入に備えることが大切です。

❷ 長所をほめることから書き始めます

　行動では項目について優れているところを，特別活動では内容について活動ぶりの優れているところを書きます。その様子がよくわかり，所見を読んだ子どもが嬉しくなるように書きます。すべての子どもに，長所は必ずあります。

❸ 欠点については努力の仕方を書きます

　改善を求める所見を書くことは，まず長所を書き，その後に指摘した内容を書きます。欠点を指摘するだけの記述は避け，こうすればもっとよくなるというトーンで，努力の仕方と励ましを書きます。欠点だけを決め付けるように書くのは最悪な書き方です。

❹ 進歩・発達の様子を書きます

　よいところへの目の付け方は，長所に目を付けるのと，進歩・発達に目を付けるのとあります。2学期，3学期はこの点も書きます。このためには，その時点，その時点でのデータをしっかり収集し，比べることです。

❺ わかりやすく，具体的に書きます

　行動の所見を書くときには，項目名をそのまま使ったり，専門用語を使ったりしがちです。子どもの様子がよくわかるように，平易な言葉で具体的に書くことを意識します。

❻ プライバシーの侵害，差別にならないように気を付けます

　そのために，学習の所見を書くとき以上に，用字，用語，内容への配慮が必要です。ここが疎かになると，保護者と子どもの心を傷付け，教員が法的に責任を問われることもないとは言えません。

基本的な生活習慣

子どもの様子 あいさつや適切な言葉遣いができる子

[所見文例]

- いつも礼儀正しく振る舞い、自分から進んであいさつができています。来校された校外の方に対して、場に応じて、あいさつと会釈を使い分けています。高学年としてふさわしい、節度ある行動が備わっています。

- 目上の人に対して敬語を適切に使うことができ、先日来校した校外の方が、○さんの礼儀正しさをほめていました。相手の気持ちを考えて、やさしい言葉遣いで接することができ、たくさんの友達から慕われています。

 POINT

相手に応じて適切な言葉遣いができている点を認める。気持ちのよいあいさつや適切な言葉遣いが、他者とのコミュニケーションを円滑にしていることを伝える。

子どもの様子 整理整とんができる子

[所見文例]

- 身の回りの整理整とんが確実にできており、いつも学習に素早く取りかかっています。きちんと整理しようという態度が備わっており、効率よく学習を進めたり、友達の意見を上手にまとめたりすることも大変よくできています。

- 整理整とんの習慣が身に付いており、手際よく学習を進めることができています。また、○さんはノートを整理する力も大変優れており、見やすくきれいなノートをまとめることによって、学習効果を高めています。

 POINT

できている点を具体的に取り上げて、整理整とんができることが、学力向上の土台ともなっていることを伝える。

基本的な生活習慣

子どもの様子
時間や安全への意識が高い子

[所見文例]

- 給食当番や掃除当番では、時間内に終わらせようと仕事を見付けて積極的に動き、友達にも声をかけています。時間を守って行動するだけでなく、時間の使い方が上手で、休み時間と学習の切替えも早く、感心しています。
- 楽しく、安全な学校生活を送ろうという意識が強く、学習や遊びのきまりを守っています。なぜそのきまりが必要なのかということをよく理解しています。高学年らしいりっぱな態度で、下の学年の子たちの模範です。

POINT
時間や安全についてのルールを守る必要性を理解し、自分から進んで守ろうとする意欲や行動力を高く評価する。

子どもの様子
節度を守って行動することが苦手な子

[所見文例]

- 活発で意欲的に行動できていますが、ときどき、みんなで決めたルールや学校のきまりが守れなくなってしまいます。話をすれば冷静に自分を振り返ることができます。これからも節度を保つことの大切さを教えていきます。
- 興味のあることに夢中になり、黙って最後まで話が聞けなかったり、別のことを始めてしまったりすることがありました。節度を守り節制を心掛けた行動ができるよう、冷静に自分を見つめることなど指導を続けていきます。

POINT
集団生活を送る上で、節度を守って行動することは大切である。繰り返し指導してきたことを具体的に伝え、本人の自覚を促す。

行動

基本的な生活習慣

子どもの様子
整理整とんや学習準備が苦手な子

[所見文例]

- 学習に対して意欲が上がり，いままで苦手だった漢字や計算の反復練習に根気強く取り組むようになりました。いっぽうで，学習用具が整わないまま，授業に臨んでいることがありました。学習準備や身の回りの整理整とんが次の目標です。
- いままでは，苦手な身の回りの整理整とんを誰かが手助けしていましたが，自分でやることが増えつつあります。生活習慣の改善は学力向上の支えとなります。学習と同様に，努力して高められるよう指導を継続します。

POINT

身の回りの整とんや学習準備について，学習と同じように，本人に努力させていくという方針を家庭にも伝える。

子どもの様子
感情にまかせて行動してしまう子

[所見文例]

- 運動能力に優れ，試合ではみんなをリードして盛り上げています。勝負にこだわるあまり負けを認められず，悔しい感情を周りにぶつけてしまうことがありました。感情をうまくコントロールする力も育てていきたいと思います。
- 休み時間に友達と元気に遊んでいます。ときどき些細な行き違いからけんかになることがあり，話合いをしてきました。これからも，自分の気持ちを冷静に伝えるとともに，相手の気持ちを聞くことが大切だと指導していきます。

POINT

高学年として，自分の感情をコントロールすることは大切なことであり，その力を育てていくということを保護者にも知らせる。

基本的な生活習慣

子どもの様子
言葉遣いや行動が乱暴な子

[所見文例]

- 活気に溢れ，元気いっぱいの生活ぶりです。ときに相手の気持ちを考えずに話したり行動したりすることがあり，そのつど何がいけなかったかを話し合いました。自分の言動に責任を持って生活できるよう指導を継続します。

- 友達とのトラブルがあり，口に出したり行動したりする前に，まず相手の気持ちを想像してみるように，何度か話し合いました。自分がしたことが，相手の行動に反映されます。穏やかな人間関係を築く方法について経験を積ませています。

 POINT

粗野な言動は，もめごとの原因になることも多い。事実をしっかり伝え，家庭の協力も得られるようにしたい。

子どもの様子
いつも落ち着いて生活している子

[所見文例]

- 周囲を気にせず自分のペースでしっかり学習を進めており，学力が伸びています。まじめに取り組むときと楽しむときとのけじめが付けられる生活態度はりっぱです。なにごとにも毅然とした態度で取り組み，友達から一目置かれる存在です。

- 落ち着いた生活ぶりです。規則正しい生活習慣が，学習にもよい効果をもたらしていて，成績が伸びています。学んだこと一つ一つを確実に習得していく○さんに，高学年としての頼もしさを感じています。

 POINT

落ち着いて取り組めることは，それ自体が大切な力である。保護者の気付きを促すように，具体的に伝える。

行動

健康・体力の向上

子どもの様子　いつも明るく前向きな子

[所見文例]

- いつも明るく前向きです。持ち前のやさしさ，おもしろさによって，クラスのみんなを元気にしています。休み時間も男女を問わずに声をかけ，仲よくサッカーをし，クラスみんなの体力向上に一役買っています。
- 体を動かすことが大好きでエネルギッシュです。楽しいこと・新しいことを考え出すアイデアマンでもあり，率先して行事を盛り上げています。これからも，○さんのよさを更に伸ばしていってほしいです。

 POINT

持ち前の明るい性格をほめるだけでなく，そのことが学級の中でどう生かされているかも評価する。

子どもの様子　風邪を引きやすく，休みがちの子

[所見文例]

- 心配だった体調が徐々に回復し，3月はいつものペースを取り戻し安心して見守りました。意欲が高く，欠席中の学習も少しずつ取り戻しています。体の健康は心の健康につながります。日々体力を付けながら生活していきましょう。
- 欠席が減ってきています。体育の授業の様子からも，体力が付いてきたことを感じます。欠席中の学習はプリントに取り組んでおり，疑問があると積極的に質問してくれます。自信を持って学習に取り組めるよう，今後もサポートします。

 POINT

欠席が多いことが，学習の遅れや友達関係の問題に結び付く場合がある。心の強さや自信が持てるような助言をしたい。

健康・体力の向上

子どもの様子
進んで運動している子

[所見文例]

- 休み時間には校庭に出て元気に体を動かしています。運動会に向けての練習もがんばり，クラスに呼びかけて放課後にも長縄の練習を重ねました。当日に最高記録を更新することができ，大きな自信になったと思います。

- 体を動かすことが大好きで，積極的にスポーツに取り組んでいます。今学期はマラソン大会に向けて取り組み，特に毎日の走り込みがすばらしかったです。日々の努力が実り，優勝することができました。

 POINT

運動ができる子は結果についてだけの評価を受けがちである。表面に出てこない行動や努力についても，評価したい。

子どもの様子
運動が苦手で，室内で遊ぶのが好きな子

[所見文例]

- 運動会に向けて繰り返し倒立の練習をし，本番では見事に成功させることができました。ふだん自分から進んで運動する機会が少ないようですが，この自信を大切にし，次につなげられるよう見守ります。

- 読書や室内遊びをして休み時間を過ごすことが多かったのですが，最近は1年生と外で鬼ごっこをして遊んでおり，その姿に最高学年らしさを感じます。これを機に，自身の体力向上のためにも，外で遊ぶ機会も増やしていってはどうでしょうか。

 POINT

学期中に取り組めた運動の様子をもとに，できた部分を評価してから，今後につながる一言をそえる。

行動

健康・体力の向上

子どもの様子
心身ともにたくましさを身に付けている子

[所見文例]

- 学級会でみんなの意見を上手にまとめ，見事な司会をしたことで自信が付き，積極的に人前に出られるようになりました。運動会でもチームリーダーに立候補するなど，自分らしさを発揮できています。

- 夏休み過ぎから身長が伸び，体力も付きました。体育では短距離走・長距離走ともにタイムが大きく縮みました。また，図書委員の仕事にも積極的になり，委員長に立候補するなど，自信を持って活動できています。

POINT

気力と体力がどちらも身に付くと，さまざまな場面で力を発揮し，自信が生まれる。自信が付くといろいろなよさが伸びてくる。成長の様子を具体的に認める。

子どもの様子
食べ物の好き嫌いが多い子

[所見文例]

- 1年生との交流給食では，上級生として手本になろうと，苦手な魚料理をがんばって食べることができました。これを機に少しずつ食べ物の好き嫌いを減らし，体力を付けていってほしいと思います。

- 調理実習で野菜のみそ汁をつくって，おいしく食べることができました。「野菜は嫌いだと思っていたけど，意外においしかった」という感想が印象的でした。これをきっかけに好き嫌いを減らしていきましょう。健康・体力の向上につながります。

POINT

一つ一つ経験を積み重ねて，苦手を克服していくことを支えたい。今学期の足跡を具体的に伝え，励ます。

健康・体力の向上

子どもの様子
健康に気を付け病気やけがをしない子

[所見文例]

🖋 日々の手洗い・うがいがしっかりと習慣付いており，給食当番のマスクも忘れたことがありません。今学期欠席がなかったのも，日頃の体調管理や健康への意識が高いことの表れです。今後も継続できるよう見守ります。

🖋 休み時間には，大勢の友達と元気に遊んでいます。また，健康管理が上手で，気温に合わせ衣服の調節をこまめに行っていて感心しました。健康保持と体力向上のための工夫が進んでできており，すばらしいです。

 POINT

低学年から積み重ねてきているはずの生活習慣が，高学年になるとルーズになりやすい。日頃の様子を見取り，小さな努力も評価したい。

子どもの様子
けがの多い子

[所見文例]

🖋 今学期は小さなけがが続きました。健康を保持することも大切な学習の一つです。学校生活のきまりを守ること，周りの状況に目を配ること，時間に余裕を持つことを心掛け，けがを防いでいきましょう。来学期も注意して見守ります。

🖋 友達とのトラブルが今学期も何回かあり，そのつど何がいけなかったかと指導してきました。話し合って解決する必要があることは本人もわかっており，少しずつ前に進んでいます。ご家庭でも話を聞いてあげていただきたいです。

 POINT

注意散漫によるけがの多い子，トラブルを起こしけがをさせてしまう子，いずれも本人の自覚と行動改善へのアドバイスをする。

行動

自主・自律

 子どもの様子 自分なりの考えを持って計画的に実践する子

[所見文例]

- 友達の言動に流されず，自分が正しいと思う行動を取ることができます。友達と意見が対立したときは，自分の考えをわかってもらえるよう落ち着いて話し合い，互いに納得した上で，協力して進めることができました。
- 今学期は，大好きな飼育の仕事で，「うさぎとの触れ合い会」という，みんなの心に残る充実した活動を成功させました。友達と協力して計画的に準備に取り組んだことは，○さんにとってもすばらしい経験でした。

 POINT

自分なりの考えや見通しを持って行動できている様子を具体的に伝え，次の活動への励みとさせる。

 子どもの様子 依頼心が強く，自分で解決しようとしない子

[所見文例]

- 当番の仕事は，やり方のコツを具体的に教えたところ自発的に取り組めるようになりました。それまでは言われてからやることが多かったのですが，うまくできた達成感を味わえたことが，やる気につながっているようです。
- 低学年の子たちに感謝されたのをきっかけに，図書委員の仕事にてきぱきと取り組むようになりました。以前は友達に促されてから始めていましたが，いまでは率先して仕事をしており，高学年らしい成長した姿を見せています。

 POINT

子どもの不十分なところを挙げるというより，学校での指導内容を知らせるというトーンで伝え，家庭での教育の参考としてもらう。

自主・自律

子どもの様子
積極性がなかなか見られない子

[所見文例]

- 当初はできないとあきらめていた縄跳びでしたが，運動会に向けて練習を続け，当日軽やかにさまざまな技を披露することができました。粘り強く取り組むことのよさを実感できた，よい経験となりました。

- 思慮深く落ち着いた生活ぶりです。いっぽうで遠慮がちな面があり，友達の輪にうまく入れないときがありました。○さんのよいところを本人と確認しつつ声かけを続ける中で，少しずつ友達への積極性が出てきました。継続して見守っていきます。

 POINT

学期中で，その子の自信につながった経験を具体的に取り上げる。できるようになったこと，最後までやり遂げたことなどを家庭でもほめてほしいと伝える。

子どもの様子
自分の考えを進んで実行する子

[所見文例]

- 係決めでは，友達と一緒の係でなく，自分のやるべき係を選んでやり遂げました。それが手本となり，仲のよい友達だけで固まらず自分の個性を生かした活動に積極的になる子が増え，クラスの交流もさかんになりました。

- クラスの話合いでは，友達の意見をきちんと受け止めた上で流されずに自分の考えを発言しました。相手の気持ちを考えて言葉を選んでいるので，話合いをみんなが気持ちよく進めることができました。今後も活躍できるよう支援していきます。

 POINT

自分の思いや考え，自分らしさを大切にしている様子を知らせ，評価するとともに，家庭にもその子のよさを伝え，更なる意欲につなげたい。

行動

自主・自律

 [子どもの様子]
当面の課題に根気強く取り組む子

[所見文例]

- 敬遠されがちだった運動会の体操係を進んで引き受けました。その後は、コツコツと練習し、運動会当日は代表として壇上ですばらしい演技をしました。○さんの姿を見て、積極的に係に立候補する子が増えました。

- 家庭学習では、日々の学習に役立つ内容に効率よく取り組めるようになりました。当初は進め方がわからなかったようですが、毎日欠かさず続けるうちにコツがつかめてきたようです。この調子でがんばってほしいと思います。

 POINT

当面の課題に地道に努力した様子を知らせる。また、努力の結果について、子どものよさを見出し評価できるようにする。

 [子どもの様子]
その場の雰囲気に左右されやすい子

[所見文例]

- 明るいムードメーカーで、クラスを盛り上げてくれます。反面、自分のやりたいことは何かじっくり考える前に、その場の雰囲気に合わせてしまうようなことがありました。自分の考えを形成した上で行動できるようサポートします。

- 委員会や係決めのとき、仲のよい友達と一緒になることを優先し、自分がやりたいことができなかったことがありました。仲のよい相手でも考えは同じではないこと、その上で自分にとって何が大事なのか考えてみるように支援していきます。

 POINT

自分の気持ちより、友達と行動をともにすることを選んでしまいがちな傾向について、本人の自覚を促すように記述する。

自主・自律

[子どもの様子]
自分勝手な行動をすることがある子

[所見文例]

✎ 自分の考えをしっかりと持ち，進んで行動できます。グループ活動では自分のやりたいことを優先することがあり，協力的な行動を意識することが○さんのこれからの課題です。いまやるべきことを意識して取り組むよう指導していきます。

✎ 裏表なく行動できる○さんです。以前は当番の仕事に指摘されてから取り組むことが多かったのですが，今学期は自主的に取り組むことが多く，みんなからの信頼も高まっています。クラスの大切な仕事も任され，自信を高めているようです。

 POINT

分担された仕事をわかっていながら，取り組もうとしない子がいる。協力することの大切さや信頼されることの重要性を中心に，記述する。

[子どもの様子]
目標を持たず，あきらめやすい子

[所見文例]

✎ 持久走に苦手意識があるようでしたが，今学期は苦手なことこそ人と比べず自分なりの目標を立ててがんばることが大切だと気付き，がんばって練習に取り組み，記録が伸びました。この経験を次の目標につなげてほしいです。

✎ 学習・運動面ともに実力が備わってきています。今後はものごとに取り組む際，一つ一つ自分なりの目標を設定すると，ゴールが明確になり，よりよい成果につながるでしょう。力を十分に発揮できるよう，支援していきます。

 POINT

少しずつ自信ややる気を育てていくことをねらいとして，小さな成果を認め，スモールステップの目標を示すことを中心に記述する。

行動

責任感

 子どもの様子
係・当番の仕事を着実に果たしている子

[所見文例]

- 放送委員会では、当番を一度も忘れることなく取り組めました。毎回放送機器の準備から片付けまで時間内に終わらせており、感心しました。かけてほしい曲のリクエストを募るなど工夫が見られた点もすばらしいです。
- 新聞係になり、月に一回、欠かさず新聞を発行しています。毎月続けるのは簡単なことではなく、すばらしい努力です。インタビューやアンケートを実施し記事に盛り込むなど、工夫が凝らされた新聞の発行を、みんな楽しみにしています。

 POINT

仕事を忘れず確実に行っていることを高く評価する。学校にとって必要な役割を果たしていることを認め、自己肯定感を高める。目立たない仕事こそ、教師が注目したい。

 子どもの様子
リーダーとして責任ある活動ができる子

[所見文例]

- 最高学年としての自覚を持ち、手本になるような言動を示しています。また、いつも1年生にやさしく声をかけ、困っているときは手助けをしており、慕われています。
- 代表委員会の委員長として、全校の前でしっかり話すことができています。役割と責任を自覚した態度が、みんなの手本となっています。
- サッカークラブの部長に選ばれました。メンバーの話を聞いて活動内容を練ったり、見通しを持って自ら指示を出したりすることができました。

 POINT

リーダーとしての役割と責任を自覚し、周りを気にかけながら、目標に向かって集団を引っ張る姿勢が取れている点を評価する。

責任感

子どもの様子
学習の準備・後片付けに責任を持って取り組む子

[所見文例]

- お手伝い係として,理科の授業では,先生の話をよく聞き,手順を守って安全に実験の準備・後片付けができました。実験器具の扱いも慎重にでき,安心して任せることができます。実験の手際もよく,記録をしっかり付けることができました。

- ○さんが日直のとき,図画工作や体育の授業などで,自分の身の回りだけでなく,教室全体までよく見て後片付けができました。次に使う人のことを考えた行動がすばらしいです。今後も続けていってほしいと思います。

学習の準備や後片付けがしっかりできることのよさを認める。リーダーとして細やかに実行している点を取り上げたい。

子どもの様子
自分の役割を責任を持ってやりぬく子

[所見文例]

- 学芸会の劇で,主役に立候補しました。責任を自覚して練習に取り組み,セリフの言い方にも自分なりの工夫を取り入れました。○さんの影響で,工夫を凝らして取り組む人が増えました。本番はみんなの努力が実って,すばらしい劇になりました。

- 引き受けた仕事を,責任を持って確実に果たすことができます。今学期はミニイベント係として,クラスのみんなで楽しめるイベントを,毎回工夫を凝らして企画しました。発想力豊かな○さんたちの考えるイベントがいつも楽しみでした。

責任を持って取り組む中で,自分なりの工夫をして楽しみながら,自分の役割を果たそうとするところを評価する。

行動

責任感

 子どもの様子
周りが気になり，自分の仕事に集中できない子

[所見文例]

- 責任を持って仕事に取りかかりますが，思い通りにいかないことがあると気が散ってしまい，仕事が疎かになってしまうことがあります。自分の役割と責任を自覚し，必ずやり遂げようとする姿勢で臨むと，更なる成長につながります。
- 日頃から役割への自覚を持ち，自分の係の仕事にすぐに取りかかります。ただ，周りを気にして作業を中断することがありました。友達の信頼を得るためにも，自分の仕事を最後まで果たすことが大切だと気付けるように，指導していきます。

 POINT

仕事に取りかかることができている点は認めた上で，自分の仕事に集中し，地道ながんばりを続けることのよさや大切さを伝えていく。

 子どもの様子
責任転嫁や言い逃れが目立つ子

[所見文例]

- 係や当番活動など熱心に取り組んでいます。いっぽうで，うまくいかないと周りを責めることがありました。準備はどうだったか，自分はしっかり活動できていたかなど自身で振り返り，次に生かせるよう考えさせていきます。
- 体育で得意なサッカーに熱心に取り組んでいます。試合では負けた責任をチームメイトに向けることがありました。よい結果を得るためにも，自分の足りなかったことに目を向けることや，友達を励ます余裕を持つことを，指導していきます。

 POINT

他人のせいにするよりも，自分にも悪いところがなかったか，目を向けさせる。グループとしてよりよい成果につながることに気付かせたい。

責任感

子どもの様子
一人ではなかなか取りかからない子

[所見文例]

✎ 友達が多く、どんなことにも協力して一緒に取り組もうとする意欲を持っています。いっぽう、一人だと積極的に踏み出せないことがありました。自分の考えを持ち、人を引っ張る力を身に付けていくともう一回り大きく成長できます。

✎ 飼育委員の当番の日に、ほかの委員が見当たらないと世話を進められないことがありました。小動物の飼育の大切さを話してから、一人でも取り組めるようになってきました。ほかの活動にも生かせるよう見守ります。

 POINT

人に合わせてできている点は認めつつ、今後は主体的に取り組むことを期待していることを伝えたい。

子どもの様子
決まったことをよく忘れる子

[所見文例]

✎ クラスで決めた約束を忘れてしまうことがありました。クラスの一員としての責任を自覚して、みんなが楽しく過ごすために必要な役割を果たすよう、指導していきます。

✎ きまりを破ってしまった際は、そのつど、そのきまりがなぜ必要かを話すようにしています。以前に比べ、周りの友達に対する責任を意識できるようになり、成長を感じます。楽しく安全な学校生活を送れるよう今後も見守ります。

 POINT

忘れることで、自分が困るだけでなく、周りの友達にも迷惑がかかることを伝え、きまりを守る大切さに気付かせたい。

行動

創意工夫

[子どもの様子] 新しいことに興味を持ち，積極的に調べようとする子

[所見文例]
- 田植え体験をしたことがきっかけで興味を持ち，「日本の米事情」を自由研究のテーマに選びました。日本のお米の産地やブランド米，食糧自給率の推移など多面的に調査し，わかりやすい発表ができました。
- 好奇心旺盛で，新しいことを学ぼうとする意識が高いです。国語の授業で新しい言葉を習った際には，その言葉と似た意味の言葉や反対の意味の言葉を自主的に調べていました。今後もこの姿勢を大切にしてください。

POINT
与えられた課題をきちんとこなした上で，その子なりの発想を加えている点を認める。どのように工夫したかを具体的に伝える。

[子どもの様子] 発想が柔軟で多面的に考えることができる子

[所見文例]
- 国語の授業では，小説の主人公の気持ちだけでなく，視点を変えて登場人物それぞれの心情も考察できました。また，自分の考えだけにとらわれず，友達の意見にも素直に耳を傾け，学習を深めようとする姿勢がりっぱです。
- 田植え体験では，倒れないようにまっすぐ植えることのむずかしさを実感しました。米づくりの一年について興味を持ち，稲作農家の方々に田植えの前の準備や次の工程について質問するなど，生産者の視点を持って積極的に学習できました。

POINT
固定観念にとらわれず，友達とのやり取りや体験活動を通して，さまざまな角度からものごとを見つめようとする姿勢を認める。

創意工夫

 子どもの様子
進んで新しい考えや方法を取り入れようとする子

[所見文例]

- 「大造じいさんとガン」の学習では，場面ごとの大造じいさんの気持ちを箇条書きで整理し，感情の変化を読み取りました。ノートには友達の意見も書き留め，自分の考えと比べながら理解を深めることができました。
- 自分に合った学習方法を習得しようとする意欲が高いです。ノートをきれいにまとめるだけでなく，教科ごとに整理の仕方を変え，後から復習しやすいよう工夫していました。こうした努力が学習の定着につながります。

 POINT

新しい考えや方法を取り入れ，自分の考えを広げていることのすばらしさを認め，その子自身が気付けるようにする。

 子どもの様子
困難に立ち向かい，新しい発想で解決しようとする子

[所見文例]

- 体育のバスケットボールでリーダーに選ばれ，みんなを引っ張ってくれました。最初はチームがなかなかまとまらず苦戦していましたが，パス練習や試合中に声を出し合うことを推進して団結力を高め，チームを勝利に導きました。
- 移動教室でキャンプファイヤー係を務めました。練習のとき，みんながなかなか積極的に参加してくれず，プログラムの見直しを提案しました。みんなで楽しめるゲームと歌を取り入れたことで当日は大盛り上がりでした。

 POINT

困難を解決するためのその子なりの工夫を具体的に伝え，評価する。改善に向けての道筋が見通せるように記述したい。

行動

創意工夫

子どもの様子
当番・係活動で，自分に合った方法を工夫する子

[所見文例]

✏ イラストが得意な○さんです。自分の特技を生かし，保健係として，一度も忘れなかった人に賞状を渡すことを提案し，心を込めて作成しました。賞状を渡された友達は大喜びで，クラス全体の意欲が高まりました。

✏ 工作が得意な○さんです。配布物係として，提出物や配布物をスムーズに配達できるように回収箱を作成しました。その後も提出物を忘れていないか呼びかけたり，職員室に来て配布物がないか確認したりと，丁寧な仕事ぶりでした。

決まった仕事だけでなく，どうすれば学級がよりよくなるか自ら考えようとした姿を評価したい。

子どもの様子
発表の仕方を工夫している子

[所見文例]

✏ 筋道を立てて考える力が育っており，多くの場面で生かされています。自由研究の発表では，自分の考えの根拠となる点を丁寧に伝えることができました。話合いでも，友達の意見をよく聞き，論点をつかむことができています。

✏ 日直のスピーチでは，聞き手に伝わりやすいよう話す工夫ができました。毎回テーマを決め，最初に考えを述べた上で体験を話し，最後にまとめの考えを述べるというわかりやすい構成で，クラスのよい手本になりました。

発表の内容や表現の仕方など，よいところを具体的に伝える。特に，わかりやすさ，伝わりやすさを工夫している点を評価する。

創意工夫

子どもの様子
特技を学習や生活に生かしている子

[所見文例]

- ダンスが得意な○さん。運動会の表現活動では、みんなで踊りやすい振り付けを考え、クラスで楽しく練習に励みました。当日は持ち前のすばやい身のこなしで美しく仕上げ、見事でした。成功を友達と大いに喜びました。
- 環境係として、季節に合った掲示物を友達と協力してつくり、教室を明るく飾ってくれました。手先の器用さを発揮して、細かいところまで工夫してつくった切り絵は、友達も目を見張るほどの出来映えでした。

 POINT

その子の特技が、学習や生活の向上に生かされていることを伝え、より自信が持てるように働きかけたい。

子どもの様子
自分のよさを見出せず、自分らしさを発揮できていない子

[所見文例]

- 日直のスピーチで、聞き手にわかりやすく話す力を発揮することができています。調べ学習の発表でもしっかり自分の意見を伝えることができています。今後はふだんの授業中の発言も増えると、更なる成長につながるでしょう。
- 社会の授業で歴史上の人物や出来事を調べ、ノートに丁寧にまとめました。テストの記述問題でも筋道立てて解答ができていました。調べたことや自分の意見を積極的に発表できるようになることを次の目標としましょう。

 POINT

ささいなことであっても、その子らしさが表れていることをほめるようにする。何が、どのようによかったのかを具体的に伝える。

行動

思いやり・協力

子どもの様子
男女の別なく協力し合える子

[所見文例]

- 林間学校では，行動班での3日間の活動を中心となってまとめてくれました。男女の別なくどのメンバーとも協力し合い，ハイキング・カレーライスづくり・キャンプファイヤーなどに楽しく取り組みました。
- 放送委員会では，みんなで意見を出し合い，担当の曜日の放送ができました。男女で趣味や興味を出し合い，クイズや読み聞かせなど内容をよく練ったことで充実した放送ができ，みんなが放送を楽しみにしていました。

POINT

性別に関係なく友情をはぐくみ，協力できていることを伝え認めていきたい。よきモデルとなっていることを伝える。

子どもの様子
行事で思いやりや協調性を発揮した子

[所見文例]

- 運動会の表現活動では，体を動かすことが苦手な友達がいる中で，○さんがクラスのみんなに特別練習を呼びかけました。練習の成果が出て，当日はみんなが見事な演技を披露できました。協力して一つのことに取り組む楽しさを実感できました。
- 遠足の登山では，班長として班のメンバーのために力を尽くすことができました。厳しい山道に音を上げる子の荷物を持ってあげたり，歌を歌いながら歩くことを提案したりし，全員で山頂に登ることに大きく貢献しました。

POINT

学習だけでなく，学校行事においても友達のために力を発揮できていることを認める。特に，学び高め合う態度が取れている点を評価する。

思いやり・協力

子どもの様子
思いやりや協調性を発揮できないことがある子

[所見文例]

🔖 低学年との仲よし交流の中で，持ち前のやさしさを行動として表すことができました。困っている様子の1年生に積極的に話しかけたり，読み聞かせをしたりと，高学年として確実に成長している姿を見せています。

🔖 体育のサッカーで，チームのキャプテンとして活躍しました。得意なドリブルやキックの仕方を男女を問わずやさしく教えていました。また，失敗をした友達には「ドンマイ」と声をかけるなど，心配りも光りました。

POINT
成長のスピードは一人一人異なる。少しの変化にも目を向け，社会性がはぐくまれている点を評価したい。

子どもの様子
学習活動で思いやりや協調性を発揮した子

[所見文例]

🔖 体育のマット運動では，側転が上手にできない友達にアドバイスをしたり，練習の補助をしたりしていました。友達のために，進んで自分の力を発揮することができています。すばらしいことです。

🔖 音楽でアンサンブル演奏を行った際，ブラスバンドの経験を生かし，周りの友達に楽器演奏のアドバイスをしたり練習に付き合ったりしていました。中心となってクラスを引っ張ってくれ，すばらしい演奏となりました。

POINT
他者と触れ合い，助け合っていた具体的な場面を示し，自らの心の成長に目を向けさせ，評価していきたい。

行動

思いやり・協力

子どもの様子
広い心を持ちあたたかみを感じさせる子

[所見文例]

- 相手の立場に立ち，思いやった行動ができます。敬老会で，招待状に一言メッセージを添えようと提案したり，高齢者の方と一緒に楽しめる出し物を考えたりしました。敬老会に参加した方はとても喜んでくださいました。
- 長い間お休みをした友達を気遣い，授業のノートをまとめたり，学校の様子をカードに書いたりし，自宅に届けてくれました。友達は「心強かった」と心から感謝をしていました。なかなかできない尊い行動です。

POINT

相手のためにとった行動を高く評価する。友達に影響を与え，学級風土の向上にも貢献していることを伝える。

子どもの様子
自分と異なる考えや立場を尊重できる子

[所見文例]

- 卒業を祝う会の実行委員長として，各クラスにアンケートをとり，意見を集めました。異なる希望をまとめるのに苦労していましたが，それぞれの考えを尊重しながら出し物の内容を決め，あたたかな雰囲気の会ができました。
- 話合い活動では，相づちを打ちながら友達の意見に真剣に耳を傾けるなど，聞く姿勢がすばらしいです。自分の考えと比べながら相手の考えのよさを認め，付け加えの意見を述べることもできました。

POINT

閉鎖的な仲間集団での交流に留まらず，さまざまな意見を受け入れ，広く友達関係を築いていることを評価し認める。

思いやり・協力

子どもの様子
困っている友達に親切にできる子

[所見文例]

🔖 家庭科の調理実習で,食材を忘れて困っている友達に自分の分を分けてあげたり,自分の係の仕事でなくても進んで手伝ったりする姿が見られました。思いやりの気持ちを素直に行動に移すことができ,りっぱです。

🔖 相手のことを考えた行動ができ,信頼関係を築いています。運動会の創作ダンスが苦手な友達に,休み時間を使って熱心に教えてあげていました。当日,友達とともに見事な演技を披露し,更に友情が深まったようです。

 POINT

困っている友達のため,相手のことを考えて行動することは価値の高いことである。友達との信頼を築くためにも大切な態度として大いに評価したい。

子どもの様子
自分の意見だけを主張しがちな子

[所見文例]

🔖 行動力があり,任された仕事に責任を持って取り組むことができます。いっぽうで,グループ活動などで,自分の考えに固執しすぎて友達と対立してしまうこともありました。これからどうするとよいか,そのつどアドバイスをしていきます。

🔖 ロールプレイ,ディベートでは,自分の意見を伝えるだけでなく,相手の意見にも耳を傾けることの大切さを学んでいます。今後も,互いの考えを理解し,尊重しながら協力してやり遂げる喜びを味わうことができるように指導していきます。

 POINT

意見の相違などを乗り越えて思いやりの心を広げることは,真の友情を育てるという視点からも課題としたいことを伝える。

行動

生命尊重・自然愛護

[子どもの様子]
動植物が好きで，進んで世話をする子

[所見文例]
- 教室のメダカの世話を進んで引き受けています。水槽の環境を，市販のえさをほとんど与えなくても水草や砂利のコケで元気に生活できるように整え，維持しているのに感心しています。小さな命への慈しみの心がすばらしいです。
- 実験用のジャガイモの世話は，観察園が遠いため，多くの子が疎かにしがちでした。そんな中，○さんは，忘れた班の分も実験の後も，毎朝水やりを続けました。「ジャガイモの花はきれいだよ」と，笑顔で知らせてくれました。

POINT

動植物に興味を持ち，愛でるだけでなく，主体的に世話をして大切にしようとしている様子を具体的に知らせたい。

[子どもの様子]
動植物に関心を持ち，進んで調べようとする子

[所見文例]
- 自然の変化に敏感な○さん。街路樹と校内の木に同じような赤い実がなっているのを見付け，興味を持って調べました。葉の形の微妙な違いに注目し，同目の樹木であることを突きとめて，満足そうに報告してくれました。
- 日頃から動物に関するニュースに注目している○さん。絶滅危惧種に関する新聞記事から興味を広げ，動物愛護団体の活動を調べて継続的にクラスに紹介しています。積極的に自然を守ろうと訴える姿に感心しました。

POINT

動植物に関心を寄せ，主体的に観察したり調べたりすることを通して，自然愛護の精神が育っている様子を具体的に記述したい。

生命尊重・自然愛護

[子どもの様子]
小さな生き物や植物の世話を忘れがちになる子

[所見文例]

- ○さんの発案で，教室で熱帯魚の飼育を始めました。水温の管理やえさの与え方などを意欲的に調べたいっぽうで，毎日の世話を友達任せにしがちだったのは残念です。小さな命と向き合わせ，大切なことをともに考えていくようにします。

- 収穫を楽しみに，米づくりに挑戦しています。苗を選び，丁寧に植え付けたいっぽう，班で分担した水位の調節を忘れて友達から促されることもありました。収穫の喜びを味わうためにはきちんと世話をすることが大切だと話しました。

 POINT

生き物への関心を認めつつ，命をつなぐには愛情を持って世話をすることが大切であることに気付かせたい。小さい命への慈しみを促す記述を心掛ける。

[子どもの様子]
高齢者や障害を持った方にあたたかく接する子

[所見文例]

- パラスポーツ体験では，障害を持った方がありのままの自分を受け入れ，前向きに努力をする様子に深く感銘を受けたようでした。体験後は，「自分も自分を磨きたい，自分の心の中にあるバリアをなくしたい」と綴りました。

- 合唱部で高齢者施設を訪問しました。自分たちの歌を，高齢者が涙を流して喜んでくれたことに感動し，体験後のスピーチでは，「高齢者が安心して元気に暮らせる社会を自分たちで支えたい」と語っていました。

 POINT

自分と立場が違う人々も認め，受け入れる「心のバリアフリー」の態度がとれていることを尊重する記述をしたい。

行動

生命尊重・自然愛護

子どもの様子
命の尊さへの気付きが未熟な子

[所見文例]

- メダカの世話係に立候補し、熱心に世話をはじめました。途中から疎かになり、えさやりや水の交換を忘れてしまうことがあったため声をかけました。すべての生き物の命の尊さに気付くよう伝えていきます。

- 明るく活発で人気者の○さん。いっぽう、友達に対して否定的な言葉を遣ってしまうことがありました。受け取る側にとっては辛い言葉であることを伝え、相手を尊重する言葉遣いを一緒に考えています。

POINT

子どもの無邪気な行動や言葉の中には、ときに生き物や友達に残酷なものもある。生命尊重の精神をはぐくむ上で問題となる行動や言葉は具体的に知らせたい。

子どもの様子
自然の変化を豊かに感じ取れる子

[所見文例]

- 通学路の草花や樹木から見付けた季節の変化を、自主学習帳にコツコツ記録していました。クラスで紹介することを勧めると、写真も加えてカード化し、掲示してくれました。おかげでみんなが自然の変化に敏感になりました。

- 登校一番、「春のにおいがしました」と報告してくれたことがありました。校門の梅の花の香りに、春を感じたそうです。このように、季節の移ろいを自然から感じ取る○さんの豊かな感性には、たびたび驚かされます。

POINT

ゲームやテレビなど、子どもたちにとって魅力的な刺激に溢れた生活では、何気ない自然の変化や恵みは見落としがちである。それに気付ける感性を大いに評価する。

勤労・奉仕

[子どもの様子]
意欲的に働く姿が学級の手本となっている子

[所見文例]

- 体育委員として、当番の日には忘れず、体育用具の数の点検や整備を行いました。定番の仕事だけでなく、外で使ったストップウォッチが汚れていることに気付いてきれいに拭くなど、細やかな仕事ぶりに感心しました。

- 教室はもちろん、教室以外の掃除も、けっして手を抜かず隅々まできちんと行います。きれいにすることは気持ちのよいことだと、実感として身に付いているのでしょう。○さんの影響で、○組には掃除上手な子が増えました。

 POINT

面倒だと思われがちな、地味な仕事もきちんとできている子を評価したい。勤労の尊さに気付かせるとともに、学級に好影響をもたらすなど、それができることのよさを伝えたい。

[子どもの様子]
掃除などの当番活動を好まない子

[所見文例]

- 集会委員として、さまざまなアイデアで学校のみんなが笑顔になる企画をしてくれました。いっぽう、掃除や給食などの当番の仕事を疎かにすることもあったのが残念でした。当番活動の意味についてしっかり考えていくようにします。

- 掃除の時間も友達とのおしゃべりを優先し、作業が疎かになることがありました。なぜ掃除をするのか、誰のためにするのかなどを友達と一緒に考えたところ、責任を持って取り組むことを確認して、がんばっています。

 POINT

当番活動を「やらされている」と感じることが、面倒だという気持ちを生む。当番活動の意義をもう一度考えさせる記述を心掛けたい。

行動

勤労・奉仕

子どもの様子 学級や友達などのために主体的に行動する子

[所見文例]

- さようならのあいさつの後，教室を出る前に，黒板回りの環境をきれいに整えてくれています。係の仕事でも誰に言われたことでもないのに，そっと当たり前のように毎日続ける姿に感心しています。奉仕の精神が身に付いています。
- クラスで夏休みに伸びきった学年園の雑草を抜いていたところ，○さんが「低学年のところも抜きたい」と言いました。低学年が抜くのは大変そうだという気持ちからの提案でした。奉仕の精神に感心しました。

POINT

誰かのために，見返りを求めず無私の気持ちで行動する子どもには，その行動の尊さを認め，賛辞を呈することで自信を付けさせたい。

子どもの様子 何かをしてもらうことが当たり前になっている子

[所見文例]

- 面倒なことは友達に任せがちだった○さん。しかし，1年生の世話を通して，相手がしてほしいことをしてあげることの気持ちよさに目覚めたようです。同時に，友達やお家の方への感謝の気持ちを口にすることが増えました。
- 登下校を見守ってくれる地域の方々があいさつをしても，素っ気ない様子を見せることがありました。地域の方々のあたたかい心遣いを感じ取り，感謝の言葉を自然と口に出せるように繰り返し指導していきます。

POINT

周囲の親切や奉仕に気付かせ，感謝の気持ちを持たせるとともに，自らも行動できるように指導していくことを伝えたい。

勤労・奉仕

 子どもの様子
ボランティア活動に意欲的に取り組む子

[所見文例]

🖋 地域清掃に進んで参加し，ごみ拾い活動を通して公園や道路に捨てられているお菓子の袋やペットボトルの量に驚いたようです。その体験をもとに，「ポイ捨てはやめよう」と説得力を持って呼びかけていました。

🖋 「地域を明るくする運動」に参加し，駅頭で大きな声であいさつしたことを誇らしげに知らせてくれました。奉仕活動のやりがいを味わったことで，積極的に社会に関わろうとする意欲が更に高まったようです。

 POINT

ボランティア活動に積極的に取り組むことを通して，自己有用感を高めたり社会との主体的な関わりに目覚めたりする姿を認め，評価したい。

 子どもの様子
ボランティア活動への関心が高まった子

[所見文例]

🖋 福祉作業所の方とのサッカー交流を，○さんは「本気が出せない」と反対でした。しかし，当日，障害のある方もクラスのみんなも笑顔でプレーしている姿を見て，誰かのために行動することの意義を感じ取ったようです。

🖋 公園の落ち葉清掃のボランティアについて，「自分は使わない場所だから」と○さんは消極的でした。しかし，友達に誘われて参加し，活動後，きれいになった公園を見て，「みんなが気持ちよく遊べるね」と満足そうでした。

 POINT

勤労や誰かのために行動することを通してやりがいや喜びを実感し，変容していった姿を具体的に伝える記述にしたい。

行動

公正・公平

 子どもの様子
周囲に流されず，自分で判断して正しい行動ができる子

[所見文例]

- ◯委員の当番を友達と一緒に忘れてしまったことがありました。担当の先生に注意されると，「自分だけではない」と言い訳した子が何人かいた中で，◯さんは自身の行動を真摯に反省し，その後は欠かさず務めました。

- 移動教室のキャンプファイヤーの出し物について，親しい友達はゲームに偏ったプログラムを推そうとしていましたが，◯さんは，「ダンスが好きな人もいるよ」とバランスをとっていました。公平な態度がみんなからの信頼を高めています。

 POINT

何かを決めたり判断したりするとき，仲よしの友達の意見に傾きがちになる子どもは多い。自分をしっかり持ち，より正しく判断や行動ができる姿を具体的に認め，称賛したい。

 子どもの様子
周囲の意見や行動に流されがちな子

[所見文例]

- 休み時間，こっそり体育館で遊んでいて，体育用具を壊してしまったことがありました。いけないと知っていたのに，「おもしろそうだ」「みんながやっている」とよく考えずに行動したことを後悔し，反省していました。今後も見守ります。

- 友達同士のじゃれ合いがエスカレートし，みんなで一人の友達をからかって，泣かせてしまったことがありました。友達の涙を見て我に返った◯さんは，その場の状況に流された自分を反省し，心から謝っていました。

 POINT

自分でよく考えず，なんとなく大勢に流されてしまう子には，具体的なエピソードを引き合いに，その行動の危うさに気付かせる記述をしていきたい。

公正・公平

 [子どもの様子]
自分の好き嫌いにとらわれず，誰とも公平に接する子

[所見文例]

- 移動教室の生活班づくりは，みんなが好きな子と一緒になりたくて場が険悪になりかけたところ，○さんの「誰と一緒でも楽しい3日間にできるよ」の一声が空気を変えました。誰に対しても公平な○さんをみんなが信頼しています。

- 仲違いで二つに分かれかけたグループが，程なく元通りの関係に戻っていたことがありました。分かれたどちらにも，それまでと変わらず穏やかに接していた○さんのおかげでした。人と人をつなぐ力に感心しました。

 POINT

友達の好き嫌いで，トラブルを起こす子どもは多い。誰とでも穏やかに接し，周囲をホッとさせるような子どもの様子は大いに称賛し，その価値を認めてあげたい。

 [子どもの様子]
自分の好き嫌いで行動してしまう子

[所見文例]

- グループをつくるとき，仲よしの友達と一緒になりたくて，強引に振る舞ってしまうことがあります。そうした行動を相手の立場で振り返らせながら，友達の輪を広げると自分の世界も広がることに気付けるよう，指導していきます。

- 友達と過ごすときはいつも笑顔で穏やかです。いっぽう，その他の友達に対してはあまり関心を持てないのか，素っ気ない様子のときがあります。学級活動などを通して，多様な友達のよさに気付かせ，関係を広げられるようにしていきます。

 POINT

相手によって態度を変えたり，なにごとにも好きな友達のほうを優先したりする子には，その場その場で相手の立場に立って考えさせる指導を続けていくことを記述する。

行動

公正・公平

 子どもの様子
正しいことの基準を自分でしっかり持ち，行動できる子

[所見文例]

✎ 行動範囲が広がり，放課後は友達と自転車で遠出することもあるようですが，○さんは学校の約束をきちんと意識し，羽目を外しそうになる友達を諫めているそうです。けじめをしっかり付けられるのが大変頼もしいです。

✎ 通学路を守らず下校しようとする子を，○さんが「下級生が真似するとよくないよ」とたしなめてくれたことがあったそうです。親しい友達相手でも，言うべきことは言える○さん。みんなからの信頼がますます高まっています。

 POINT

放課後の過ごし方などのルールをきちんと守ることができている子を認め，大いにほめたい。ルールを守って行動しているうちに，自ずと公正な心も育っていく。

 子どもの様子
公平な態度がみんなの手本となる子

[所見文例]

✎ 運動会で○さんの組は敗れてしまいました。悔しい気持ちはあったと思いますが，○さんはふてくされることなく，勝った組の友達にあたたかい拍手を送っていました。結果を公平な態度で受け入れる潔さがりっぱでした。

✎ バスケットボールの試合の審判では，○さんの公平な態度にみんなが厚い信頼を寄せています。仲よしだから，男（女）の子だからと，偏ったジャッジをすることはけっしてしません。○さんの公平さはみんなの手本です。

 POINT

体育のゲーム型スポーツや学級遊び等，勝敗がある活動で負けを受け入れるのは，多くの子どもにとって容易なことではない。それができた場面を具体的に取り上げ認める。

公共心・公徳心

子どもの様子
みんなで使うものを大切に扱える子

[所見文例]

- 卓球クラブのラケットを,「適当に片付けるとラバーが傷むよ」と友達に呼びかけて,一緒に丁寧にケースへしまっていました。みんなで使うものを大事にしようとする態度が立派です。公共心が育っています。

- 掃除用具入れの箒が,いつもきちんと箒掛けに整とんされるようになりました。箒の先を傷めないためにと,○さんが帰りの会で呼びかけてくれたおかげです。ものを大切にする○さんの態度は,クラスの手本となっています。

 POINT

公共物の大切さがわかり,大事に扱えることは,公共心の表れである。具体的な場面をとらえて称賛することで,さらに自信を持って行動できるようにしていきたい。

子どもの様子
みんなで使うものの扱いがぞんざいになる子

[所見文例]

- BGM係となり,朝や帰り,給食の準備時間など,場面に合った選曲が好評でした。いっぽうで,CDデッキなどの扱いが乱暴になりがちだったのは残念です。みんなで使うものを大切にする意味をともに考えていきます。

- ○さんと友達で使ったクラスの大縄の片付けがいい加減になり,体育の時間に見付からず,みんなが困ったことがありました。反省した○さんは,公共物を使う際のルールを改めて友達と確認し,意識するようになりました。

 POINT

学級や学校のものを,使ったら使い放しにしてしまう子は多い。みんなで使うものをなぜ大切にしなければいけないのかというところから考えさせる指導をすることを記述する。

行 動

公共心・公徳心

子どもの様子 学級や学校のことを考えて行動する子

[所見文例]

- 給食委員として責任を持って活動しました。献立黒板には，丁寧に文字を書いたのはもちろん，低学年も読めるようにと漢字にふりがなを付けていました。さりげない行動の中にも公共心が感じられ，感心しました。
- 体育を見学して一足早く教室に戻った○さんが，給食の準備を始めていてくれたことがありました。誰に言われるのでもなく，クラスにとってよいと思うことを進んでできることが素敵です。公共心がよく育っています。

POINT

自分や友達のことだけでなく学級や学校全体を考えて行動している様子を見取り，具体的に記して評価することで，公共心を育てていきたい。

子どもの様子 公共心・公徳心が未熟な子

[所見文例]

- 放課後は多くの友達と公園で元気に遊んでいます。楽しさが高じ，大声で騒いだりごみをそのままにしたりすることもあったようなので，みんなが気持ちよく過ごすための約束を改めて確かめました。意識付けていきます。
- 学校回りの落ち葉掃きに取り組んだ際，○さんは最初，「どうせすぐ散らかるのに」と不服そうでした。しかし，道行く方々に感謝の声をかけられ，活動の意義が実感できたようです。活動後の満足げな顔が印象的でした。

POINT

集団への帰属意識が薄く，自分さえよければよいという行動になりがちな子どもには，学級や学校の一員としての自覚を促す働きかけを続けていくことを知らせたい。

公共心・公徳心

子どもの様子
公共のマナーをよく守って行動する子

[所見文例]

- 電車に乗って社会科見学へ出た際、一般の乗客に迷惑をかけないようにと、グループの友達のおしゃべりをそっとたしなめてくれた○さん。時と場所を弁え、配慮する態度が大変りっぱです。公共心がよく育っています。

- 移動教室の見学先で、○さんの明るいあいさつや丁寧な言葉遣いがいつもほめられていました。礼儀正しい振る舞いは、公徳心の表れです。学習に協力してくださった方々への敬意が感じられ、感心しました。

POINT

集団生活を送る上で、決まり事としてのルールだけではなく、マナーも守れることを評価したい。そこには他者への敬意がある。公共心や公徳心はまさにそこから育つ。

子どもの様子
公共のマナーを軽んじてしまいがちな子

[所見文例]

- 担任にはいつも元気にあいさつをしてくれますが、登校見守りボランティアの方や専科の先生などには素っ気ないことが残念です。お世話になっている方に対してはどんな態度が望ましいのか、場面をとらえてともに考えていきます。

- 社会科見学では、疑問を積極的に質問し、学びを深めました。いっぽうで、見学に夢中になるあまり、感想を大声で話したり展示品に触れたりして注意を受けました。公共の場にふさわしい態度を今後も丁寧に考えるように促していきます。

POINT

子どもがマナーを身に付けるには、周囲の大人が手本を示す必要がある。教師として自らの襟を正すとともに、保護者の意識にも働きかけるような記述ができるとよい。

行動

その他

子どもの様子
登校を渋ったり休んだりしがちな子

[所見文例]

✎ 運動会の組体操では,土台役になるのは痛いから嫌だと言いながら,本番はすべての技をしっかりやりきることができ,満足そうでした。○さんのがんばりをクラスのみんなが認めていました。

✎ 昆虫のことをクラスの誰よりよく知っている○さん。みんなが一目置いています。学校で見付けたバッタについても,「○さんに聞けばすぐに種類がわかる!」と頼りにされています。得意分野でいっそう輝けるよう,支えていきます。

POINT

集団生活の中で本人が輝いた場面を具体的に称賛するなどして,学校・学級での本人の存在価値や,学校でしか身に付かないこと,味わえない楽しさに気付かせたい。

子どもの様子
ごまかすことがある子

[所見文例]

✎ 仲よしの友達を独占したい思いから,事実ではない噂で友達を傷付けてしまったことがありました。はじめはうやむやにしようとしていましたが,きちんと認めて繰り返さないことが大切だと話すと,素直に相手へ謝罪できました。

✎ 友達に一目置いてもらいたい気持ちからか,事実より大げさな話を度々してしまい,周囲を戸惑わせることがありました。互いのありのままのよさを認め合い,高め合っていける関係づくりができるように,働きかけていきます。

POINT

虚言には,本人は本当のことと信じている場合と自分に都合のよい状況をつくり出そうとしている場合とがある。よく見極めて,ずるさであれば正す指導をすることを記述する。

その他

子どもの様子
作業や行動が遅くなりがちな子

[所見文例]

🖊 なにごとにもじっくり丁寧に取り組む○さん。文字の美しさや作品の仕上がりは抜群です。いっぽう，限られた時間内に終わらせられず，中途半端な出来に悔しがることもありました。目的に応じて効率よく作業する力を育てます。

🖊 焦らず慌てずいつもマイペースな○さん。のんびりやさしげな様子がみんなに好かれています。しかし，課題を最後までやりきれないことが多いのは心配です。課題を細分化し，一つ一つ確実にやりきるよう，指導していきます。

 POINT

遅くなる原因について見極め，丁寧さや慎重さからならば，肯定しつつ，遅れることで本人が困らないように指導していくことを伝えたい。

子どもの様子
作業の丁寧さや慎重さに欠ける子

[所見文例]

🖊 計算が速く，算数には特に意欲的に取り組んでいます。いっぽう，テストのときなどには，速さにこだわってミスが出てしまうのが残念です。丁寧な取組みや見直しによって，さらに力を確かなものにできるように助言を続けます。

🖊 歴史新聞では，歴史上の人物へのインタビュー記事コーナーなど，工夫された内容が光っています。せっかくの記事を更に多くの友達にも読んでもらうために，文字や割り付けを丁寧にできるよう，指導を続けていきます。

 POINT

とにかく早く終わらせようと，課題や作業への取組みが雑になったり慌ててしまったりする子は多い。じっくり丁寧に取り組むことを指導することを伝えたい。

行動

その他

子どもの様子
力があるのに消極的になりがちな子

[所見文例]

- 当番や係の仕事を，責任持ってきちんとやり遂げます。また，穏やかで誰とでも仲よくでき，みんなに好かれています。控え目さも素敵ですが，来学期は係のまとめ役を任せ，リーダーに挑戦する気持ちを育てます。
- 自主学習ノートには，自分で決めた課題を丁寧に追究して記録しています。主体的に学ぶ姿がりっぱです。目立つことには消極的ですが，機会を設けて学習の成果を発表させ，みんなに知らせるとともに，自信を付けさせます。

POINT

十分に力がありながら，控え目で，目立つことや先頭に立つことを避ける子どもには，リーダー役などに挑戦する機会を与え，背中を押すような助言をしていく。

子どもの様子
学習用具や宿題を忘れることが多い子

[所見文例]

- 授業中は積極的に挙手し，進んで発言するなど，学習意欲は旺盛です。しかし，忘れ物が多く，意欲を生かしきれないのが残念です。前日の持ち物点検を習慣付け，落ち着いて学習に向かえるよう，協力をお願いします。
- 授業の時間には理解しているのに，次の日になるとわからなくなっていることがあります。家庭学習や宿題にしっかり取り組むことで補っていけるので，机に向かう時間を決めるなどして習慣付けるよう，協力をお願いします。

POINT

子どもに口頭で注意したり指導したりするだけでは，改善行動につながりにくい。忘れないための具体的な工夫を示し，家庭の協力を得られるようにしていきたい。

その他

 子どもの様子
友達とトラブルになりやすい子

[所見文例]

- 遊びに夢中になると，友達を長く引き留め，困らせてしまうことがあります。友達と楽しく遊べるよう，気持ちの切り替え方を○さんとともに考え，実行できるように励ましていきます。
- ○さんはじゃれ合っているだけのつもりでも，本人が思う以上の力が相手にかかり，けがが続いていることが心配です。遊び方や力の加減の仕方を一緒に考え，安全に遊べるよう，見守っていきます。

 POINT

保護者も本人も困っていることが多いので，問題の指摘だけの記述にせず，問題が大きくなることを心配していることや，協力して対応を考えていく姿勢を伝える。

 子どもの様子
同年齢の集団に馴染めず，大人との関わりを求める子

[所見文例]

- 職員室によく顔を出し，先生たちと楽しそうに話しています。いっぽう，クラスの子たちとは，話が合わないと距離を置いているのが心配です。クラス遊びなどで子ども同士で遊ぶ楽しさを味わわせ，関係を広げていけるように指導します。
- 穏やかで落ち着いているので，クラスでは頼られることが多い存在です。その分，甘えたいのか大人との関わりを多く求め，友達と関わることが少ないのが気掛かりです。気持ちを受け止めつつ，友達との関係づくりを促していきます。

 POINT

周囲の子どもに問題が見当たらないのに，大人に過剰に関わりを求めたり甘えたりする子は，その背景を慎重に探りつつ，同年齢の子とも関係を築くよう指導することを伝える。

特別活動

● 学級活動

知識・技能

- 何回か行ううちに，司会の進行やまとめ方が上手になりました。なるべく多くの人が発言できるように，気を付けて指名することができました。
- 学級会の書記としてみんなから出されたさまざまな意見を的確に整理し，わかりやすく黒板に板書してまとめることができました。
- 相手の話をよく聞き，自分の考えの中に取り入れて意見を述べるようになってきました。
- 話合いの目的をよく理解し，互いのよい点を取り入れながらクラスの方針をまとめる提案をすることができました。その姿は，クラスの模範です。
- 生き物係のリーダーとして，メダカの世話をよくしてくれました。えさやりから水槽の水質管理まできちんとやり，水槽はいつもきれいでした。
- 清掃や当番活動の目的を理解し，クラスの一員として役割を果たすために必要なことを自ら考え行動することができました。

思考・判断・表現

- 自分たちの問題として議題を提案し，提案理由も筋道を立ててきちんと説明することができました。
- 計画を実行する見通しを持ちながら，よく考えて問題解決のための提案ができるようになりました。
- 話合いの結論が，自分の主張と違うものであっても，納得したら素直にその結果に従っていました。その態度はとてもりっぱでした。
- 給食当番では，配膳に工夫を凝らし能率を考え，友達と協力しながら仕事を進めています。
- 掲示係として「どうしたら，みんなによく見てもらえるのか」ということを常に考え，掲示物の貼り方を実によく工夫しています。

- 移動教室で行うクラスの出し物について，斬新なアイデアを出し，互いのよさを生かしながらそれを見事に実践に移し，ほかのクラスから大喝采を受けました。
- 新学期の目標を，学習，生活，運動に分けて具体的に立てていました。これまでの自分を振り返り，新たな目標が持てることはりっぱなことです。

主体的に学習に取り組む態度

- 高学年としての自覚を持ち，下級生の世話をよくし，集団のリーダーとして自分の力を十分に発揮できました。
- 友達に対していたわりの心をもって接し，クラスのあたたかい雰囲気づくりに大きく貢献しました。
- 学校図書館の資料集や事典を，学習に活用しようとしていました。また，本の整理整とんを，当番でなくても自主的にしていました。
- 健康・安全の学習で学んだことを実践に移し，進んで健康増進や体力づくりなどに取り組もうとしていました。
- みんなで使うものを大切にしようと心掛け，遊びの後片付けが習慣化してきました。とてもすばらしいことです。
- 図書係として，本の貸し出しや整理をきちんとするだけではなく，新しい本の紹介コーナーをつくるなどして意欲的に活動していました。
- 言葉遣いが正しく，落ち着いた行動をしています。また，ユーモアに富み，楽しい雰囲気をつくってくれるのでクラスの人気者です。
- クラス集会の司会者となり，ユーモアを交えて楽しく会を進めていました。そのため，会は大いに盛り上がりました。
- 集会活動の運営に進んで参加し，自分なりに考えて自主的に活動できるようになってきました。
- クラスレクの担当として，クラス全体が楽しめるように努力し，準備や後片付けなども自ら進んで先頭に立って進めました。

特別活動

● 児童会活動

👀 知識・技能

- 代表委員会の書記として，記録をきちんとまとめ「代表委員会からのお知らせ」として，全校に情報提供を絶えず行っています。
- 代表委員会にクラス代表として出席し，クラスの意見を述べるだけではなく，全校的な視野に立って意見を発表していました。
- 代表委員会では，常に新しい考えを取り入れて発言し，活動も献身的です。代表委員会の中心として今後の活躍にも大いに期待しています。
- 放送委員会のリーダーとして委員会をとりまとめ，校内放送の分刻みの仕事をまじめによくがんばりました。
- 新聞委員として，広く全校からニュースを集め，「みんなに楽しく読んでもらうための新聞づくり」を目指して，友達と協力して紙面づくりを工夫していました。

👀 思考・判断・表現

- 代表委員会の計画委員として，事前に会の運営の構想を十分に練り，司会を助けてがんばっていました。
- 集会委員として，全校集会の企画・立案・実践を計画的に進め，楽しく活気のある学校づくりに大いに貢献しました。
- 美化副委員長として，清掃用具の収納方式について提案し，児童集会で発表しました。学校中の清掃用具入れがすっきりしました。
- 全校集会担当者として，事前に全校児童に集会の内容，座席の配置計画などを伝達し，集会が円滑に運営できました。
- 全校スポーツ集会の進行係として，会の進め方や対戦の組合せなどを綿密に計画し，当日は大成功をおさめました。
- 飼育委員として，分担した仕事に責任を持ち，忘れずに世話をしてくれました。飼育小屋の補修を提案するなど，学校全体のことを考えることのできるすばらしい成長ぶりを頼もしく思います。

主体的に学習に取り組む態度

- 代表委員会の司会を務めました。責任をよく自覚して全校の発展のために,自治的な考えを実践に結び付けるよう努力しました。
- 代表委員会にクラス代表として参加し,委員会とクラスとのパイプ役として大いに貢献しました。
- 委員会での発言は控え目ですが,決定事項は進んで行い,実践力で委員会全体をリードしてきました。
- 飼育委員会の委員長として積極的に活動し,友達と協力しながら委員会を上手にまとめることができました。
- 飼育栽培委員として,夏休み中の動植物の世話を入院した友達の分までやろうとするなど,委員として責任感のある態度を示すことができました。
- 低学年の面倒をよく見て,集会が楽しく行えるように心を配っています。最高学年として,とてもりっぱな態度です。
- 「卒業生を送る会」委員として,委員長を助け,意欲的に計画・実践に取り組み,当日は司会役として会を成功に導きました。
- 豆まき集会には,自分から鬼を買って出て,集会を大いに盛り上げみんなを楽しませました。

● クラブ活動

知識・技能

- 囲碁将棋クラブでは,ルールがわからない初心者の友達や下級生に対して,わかりやすく丁寧に,ルールや作戦の立て方を説明していました。○さんのおかげで,毎回みんなで楽しい時間を過ごすことができました。
- パソコンクラブで取り組んだ自己紹介カードづくりでは,さまざまな機能をすぐに覚えて使いこなし,素敵なカードをつくることができました。
- 鼓笛クラブに入り,運動会の入場行進曲をメンバーとともに一所懸

命に練習していました。練習の成果を発揮して，運動会では華やかなすばらしい演奏をしました。

🔍 思考・判断・表現

- 工作クラブのみんなで話し合い，創意工夫して共同作品をつくり上げ，達成感を味わうことができました。この経験を生かして，中学校でもますますの活躍を期待しています。
- 「クラブ発表会」の実行委員として，各クラブと事前に綿密な連絡をとるなどして，縁の下の力持ちとして発表会の運営を支えることができました。
- クラブ活動では，クラブのリーダーとして活躍し，下級生への配慮，統率力などを十分に発揮しました。この経験を大切にして素敵な中学生になってください。

🔍 主体的に学習に取り組む態度

- 工作クラブでは，下級生の援助をしながらりっぱな作品を仕上げていました。その姿は，クラブのリーダーとして模範的な態度でした。
- 読書クラブに所属し，持ち前のユーモアを交えて本の紹介をしたり，読後の感想文の発表を上手に実践したりして，楽しく活動をしていました。
- 書道クラブでは，根気よく練習を重ね，学年の初めに比べて格段の進歩の跡が見られます。努力が才能を育てることを示してくれました。

● 学校行事

🔍 知識・技能

- 運動会では準備係のリーダーとして，準備体操や競技補助の際にてきぱきと行動できました。その規律正しい行動は，みんなのお手本になっていました。

- 移動教室では班長を務め，班をよくまとめて楽しく集団生活を行うことができました。
- 離任式で，転出される先生方に児童代表の言葉を述べました。具体的なエピソードも交えて，しっかりと感謝の気持ちを伝えることができました。
- 避難訓練のときは，訓練の目的をよく理解し，敏速な行動を取り，避難後の話も注意深く聞いていました。

思考・判断・表現

- 校内展覧会のとき，作品をよく見て，友達と作品についての感想を交流し合っていました。目にとまった作品は，もう一度丹念に鑑賞していました。
- 学芸会では，セリフの感情の込め方や身のこなしを工夫し，何度も練習していました。発表当日の真に迫る演技は，多くの人から称賛をあびました。すばらしい向上心です。
- 遠足の班長を務め，電車の中での行動や道路の歩き方についての注意点を話し合い，りっぱに行動できました。「来たときよりもきれいに」と，ごみを持ち帰っていました。班長を中心に班全体がりっぱな行動を取れました。

主体的に学習に取り組む態度

- 運動会のむかで競争では，リーダーとして声をかけてタイミングを合わせたり，コーナーの速い回り方を工夫したりして，みんなに教えることができました。おかげで足運びが上達し，見事に勝つことができました。
- 校庭の草むしりでは進んで作業をし，自分の分担場所が終わると友達の分まで率先して手伝いをしていたのには感心しました。
- 50周年記念の式典で，児童代表として祝辞を述べましたが，その内容，態度ともに大変りっぱで，臨席する人々を驚かせました。

第❸章 特別な配慮を必要とする子どもの所見文例

所見記入時の留意点

❶ 学習指導要領における障害のある子どもの指導について

2017年改訂の学習指導要領では、特別支援学級や通級による指導における個別の指導計画等を全員分作成すること、各教科等における学習上の困難に応じた指導の工夫を行うことなどが示されました。

特に、解説の各教科編において、学びの過程で考えられる困難さごとに、指導上の工夫の意図と手立てが例示されました。

❷ 個別の教育支援計画や個別の指導計画の内容に留意します

通常の学級に在籍している障害のある子どもについては、各学校で合理的配慮が提供されている子どもや、個別の教育支援計画や個別の指導計画に基づいて指導・支援されている子どもがいます。

通信簿の作成にあたっては、それらの内容をよく把握し、必要に応じて保護者と連携をはかるとともに、特別支援教育コーディネーターや校内委員会での話し合いも参考にしながら、所見を記入するようにします。

❸ 個人内の成長過程を大切にします

通信簿の作成にあたっては、子どもの問題行動に着目するというよりも、その問題行動が障害の特性から発生していることを念頭に置きます。

そして、ほかの子どもと比較するのではなく、対象となる子どもが努力したこと、成長したことなどについて記述します。特別な配慮を必要とする子どもは、ふだんの学校生活において自信を失っていたり、不全感を感じていたりすることがあるため、通信簿を通して、自己肯定感を高めることに留意します。

❹ 支援者からの評価も参考にします

今日の教育現場では、特別な配慮を必要とする子どもに対して、さまざまな支援が工夫されるようになりました。支援者や支援機関は、支援員や介助員、個別指導、専門家による巡回相談、通級による指導、医療機関等との連携など多様です。

担任教員は、子どもが受けている支援をしっかりと把握し、それぞれの担当者から定期的に評価を受け、所見で触れることも考慮します。

特別な配慮を必要とする子ども

学習面の困難がある

子どもの様子
話を聞いて考え理解する学習が苦手

[集中して話を聞くこと]

✏ 話の初めに，大事な点がいくつあって，キーワードは何かを，板書などを見ながら短時間で確認するようにしました。話の全体をつかんでいると質問もしやすくなり，主体的に学習を進めることができるようになりました。

[口頭の指示を聞くこと]

✏ 全体説明の前に，必要に応じて図や絵も使い，個別に学習の進め方を説明するようにしました。指示が理解しやすくなったり，学習の見通しを持つことができたりして，意欲につながりました。

POINT

全体指導の中で，話の理解が不十分で，指示を聞き逃す子どもがいる。聞くことが苦手な原因に応じた支援により，できるようになったことを評価する。

子どもの様子
言葉によるコミュニケーションが苦手

[自分の気持ちを言葉で伝えること]

✏ 言いにくいけれど，伝えなければならないことがあるとき，どのような言い方がよいか，一緒に考えました。そのことだけをシンプルに，語尾のニュアンスに自分の気持ちを込めて，相手を思いやって伝えようとしました。

[学級や班での話し合いへの参加]

✏ 話合いでは，自分の意見を述べることと同じくらい，みんなの意見を聞くことが大切だと気付くことができました。まず，一人一人の意見を確認してから，話合いを始めることができました。

POINT

子どもが，言葉で表現することを苦手としていても，教師は理解者でありたい。更に，周囲に発信できるように支援していく道筋を示す。

学習面の困難がある

子どもの様子
音読に自信がなく，読むことへの意欲が低い

[行や語句の読み飛ばしや読み違い]

✎ 抽象的な意味の漢字は，イラストを用いたり，経験したことを思い出すように促したりなどして，イメージしやすくして覚えるようにしました。同じ音読みでも，正しい漢字を書くことができるようになりました。

[文の意味を正しく読み取ること]

✎ 5文程度の短い文章を読み，因果関係や要点をつかむ練習を行いました。接続詞を適切に用いて，自分の考えを，理由が明らかになるように書くことができるようになりました。

 POINT

教科書の教材文の音読や内容理解を支える力を身に付けることができる具体的な支援を行い，そこに見られた成長を記述する。

子どもの様子
学習の場面で，なかなか書き進められない

[板書事項を正確に書き写すこと]

✎ まず，学習内容を理解すること，その上でノートを取るようにしました。また，板書の場所や色使いで，学習の要点がわかるようにルールを決めたことで，大切なところを意識しながら書くことができました。

[自分の考えを文章にまとめること]

✎ 感想を求められたときにどのような視点で考えるとよいのか，確認しました。その中から書けそうな事柄を選んで書くようにしたところ，短時間で文章にすることができるようになりました。

 POINT

板書を書き写す，感想を書く，といったことを苦手とする子どもは少なくない。自分なりに書くことができる手立てを子どもとともに考えていく姿勢を伝えることが大切である。

特別な配慮を必要とする子ども

学習面の困難がある

子どもの様子
練習を重ねても文字の読み書きの習得が困難

[ひらがなや特殊音節の読み書き]
- 耳で聞いた音を手掛かりにして、正しい表記のカードを選ぶことができるよう練習しました。かなだけでなく、ローマ字でも行ったことで、理解を深め、自信を持つことができました。

[漢字の読み書き]
- 漢字がさまざまな部分の組立てでできていることに注目するようにしました。部分の意味をイラストにして、印象強く記憶に残るよう学習すると、書ける漢字が増えました。

POINT

単に練習量を増やすのでは、成果が望めないばかりか、子どもが意欲を喪失しかねない。視覚や聴覚における記憶の苦手さに応じた支援を行い、できたことを記述する。

子どもの様子
形をとらえることがむずかしい

[鏡文字や画数を間違えた漢字を書くこと]
- 画数や点画がわかりにくい漢字は、拡大して確認しました。漢字の部首や意味、使い方などから、覚えやすい語呂合わせを考えました。工夫することで覚えたり思い出しやすくなったりしました。

[図形の問題でイメージをつかむこと]
- 線対称の図形では、幅広のペンを使うと、正しくマス目を数えて作図することができました。点対称の図形は、回転するイメージを持ちにくいようだったので、透明シートで動きを確かめてから作図しました。

POINT

全体を見ながら部分にも注意したり、目で見た位置に手や指先を動かしたりといった力が求められる。子どもの苦手さに寄り添い、具体的な支援を行っていることを記述する。

学習面の困難がある

子どもの様子
計算の仕方などがなかなか定着しない

[計算へのつまずき]
🖉 小数の計算で答えの小数点の付け方を間違えてしまうことがありました。加減乗除で，答えの小数点の位置がどこになるか，復習しました。カードに整理してまとめ，いつでも確認できるようにしました。

[定規やグラフの使い方]
🖉 棒グラフ，折れ線グラフ，円グラフなど，それぞれのグラフの特徴から，どんなことが読み取れるか確認しておくと，資料から自分なりにわかったことをまとめることができました。

 POINT
練習を重ねても手順が覚えられない子どもがいる。うまくいかないときに子ども自身が確認できる手立てを探して支援していることを伝える。

子どもの様子
因果関係を理解することが苦手

[因果関係の理解]
🖉 調べたいことを明らかにするために，どんな実験をすればよいか，どのように条件を変えればよいのか，主体的に考えて計画を立てました。予想と結果を比べ，どうしてそうなったか，自分なりに考えることができました。

[文章問題の理解]
🖉 割合の問題は，比べる量，もとにする量，割合のどれを求めているかを読み取ることができるように練習しました。自分で読み取ることができるようになると自信が付いて，意欲が出てきました。

 POINT
学習の場面や人との関わりの中で，結果を推し量ったり，受け入れたりすることがむずかしい。子どもが納得しやすい条件を整え，指導を重ねることを記述する。

特別な配慮を必要とする子ども

学習面の困難がある

子どもの様子
指先を使った作業が苦手

[はさみなどの道具を使いこなすこと]

✎ 手縫いの学習では，針の選び方と糸の適度な長さを確認しました。1本どりでは，糸を引く強さの加減がわかりにくかったので，2本どりにしました。糸を強く引き過ぎてしまったときは，上手にしごくことができました。

[楽器の演奏]

✎ 合奏で，リコーダーの担当になりました。小節ごとに区切って，同じ向きで一緒に吹いて練習すると，指の動きを覚えやすいようでした。自信が付いて，意欲的に練習に取り組みました。

 POINT

指先がうまく使えないため，学習で使う用具の扱いがむずかしい子どもがいる。スモールステップでできた経験を積み重ね，意欲を引き出す指導を行ったことを記述する。

子どもの様子
運動が苦手で，外遊びにも消極的になりがち

[走り方]

✎ 運動会の徒競走に向けて，カーブの走り方を練習しました。カーブの内側に身体を傾けて，左右の腕の振りを調節しながら走り，スピードを落とさないように上手に曲がることができました。

[縄跳びやキャッチボール]

✎ 肩の位置で，手のひらの上にボールを乗せたり，腕だけではなく肩や腰の動きも付けて投げたりして，ボール投げの練習をしました。身体全体を使って，片手で遠くまで投げることができるようになりました。

 POINT

どこが苦手でつまずいているのか見極め，姿勢を支えるバランス感覚を高めるなどして，できることを増やしていけるよう指導したことを記述する。

学習面の困難がある

子どもの様子
気になることがあると注意がそれてしまう

[課題への取組み方]

✎ 学習の進め方やワークシートの種類を複数用意しました。その中から，自分に合ったものを選んで学習するようにしたところ，意欲的に取り組むことができました。

[活動途中でほかのことを始めてしまうこと]

✎ 黒板に学習の流れがわかるように示し，進度に応じてネームプレートを移していくようにしました。友達の進度がわかるので，教え合ったり，自分の進度の速さを意識したりすることができました。

 POINT

目に入った物や聞こえてきた音や声，ちょっとした刺激に注意がそれて集中を続けることがむずかしい子どもがいる。個別の支援とともに，環境を整備したことを記述する。

子どもの様子
調べたりまとめたりすることが困難

[調べ方]

✎ 友達と情報交換をする中で，集めたい情報を得るために，調べる方法を変えたり，範囲を広げたりすることも大事であることに気付くことができました。根気よく調べ，疑問に思ったことを解決することができました。

[まとめ方]

✎ どのようにまとめたいか，見通しを持ってから，情報を集めました。情報を整理する際も，項目ごとに分量を決めると，全体像が見えて自分なりにまとめることができました。

 POINT

自分で課題を設定したり，その解決のために調べたりまとめたりするのが苦手な子どもがいる。学習の進め方について具体的に説明したことを記述する。

特別な配慮を必要とする子ども

行動面の困難がある

子どもの様子
整理整とんが苦手で忘れ物が多い

[忘れ物]

✎ 持ち物の準備や提出物，係の仕事など，忘れてはいけないものを自ら管理する方法を考えました。自分で工夫して考えた方法で実践したので意欲的に取り組むことができ，忘れ物が減りました。

[整理整とん]

✎ 道具箱の中を整理しました。まず必要な物だけにして，次にどのようにしまうと出し入れしやすいか，考えながら入れました。定期的に自分でチェックするよう声をかけると，きれいな状態が保てるようになりました。

POINT

不注意な場合もあるが，指先の巧緻性や，姿勢や動作に課題がある場合もある。具体的な支援を行い，成長が感じられる文章を記述する。

子どもの様子
注意がそれやすく，一斉指示に従った行動が苦手

[注意の集中]

✎ 注意がそれてしまったときは，視線も離れているので，話し手の目を見ながら聞くことを目標にしました。見ていたかどうかで，集中を切らしたかどうかが自分でもわかり，意識することができるようになりました。

[複数の事項に注意を向けること]

✎ 指示を聞いた後で，どのような手順で行うか，確認してから課題に取り組むようにしました。慌てずに大事なことを確認すれば，確実にできることを実感することができました。

POINT

興味を持った物に注意がそれてしまい，話を聞くことが苦手な子どもがいる。見て確認できる物を示すほか，集中して聞くことができるよう指導したことを記述する。

行動面の困難がある

 子どもの様子
離席するなど，じっとしていることが苦手

[離席]

✎ 課題に取り組む順番や量などをあらかじめ相談して，このようにやりたいという主体的な気持ちを尊重するようにしました。自分で学習の見通しが持てるようになり，離席が減りました。

[自分自身の行動に関する自覚]

✎ 早合点して間違えたり，大切なことを聞き落としたりすることがあると自覚して，落ち着いて話を聞こうとすることができました。自分の苦手な面を理解して，自分なりの対処で違った結果になることに気付きました。

 POINT

動くことをまったく認めないのではなく，動く機会をつくるなど指導の工夫をしながら，徐々に自己理解を高め，自己コントロールできるよう指導したことを記述する。

 子どもの様子
自分の思いで衝動的に行動してしまう

[自分の気持ちへの気付き]

✎ 怒りの前に感じたほんとうの気持ちに気付き，言葉にすることができるようになってきました。相手に気持ちが伝わるだけでなく，自分も自己嫌悪に陥らず，理由があったのだと肯定的にとらえることができました。

[指示や順番を待つこと]

✎ 自分の課題を自覚し，変えていきたい気持ちもあります。完璧でなくていい，少しずつでいいと思えるようになったことで失敗しても落ち込み過ぎず，気持ちを切替えられるようになりました。

 POINT

身の回りの出来事を主観のみでとらえて衝動的に行動してしまう子どもがいる。集団生活で待つことも苦手である。自己肯定感が低くならないように指導したことを記述する。

> 特別な配慮を必要とする子ども

行動面の困難がある

子どもの様子
集団生活の中で衝動的な行動が多い

[突発的な行動]

✎ 説明することに苦手意識がありましたが，自分の行動を理解してもらい協力を得るためには必要である，と気付くことができました。はやる気持ちをコントロールし，まずコミュニケーションを取ろうとしています。

[危険を予測すること]

✎ みんなのために行動しようとしますが，相手を思うあまり無理をして危ないことになることがありました。必要に応じて友達の協力も得て，自分のよさを発揮できるようになりました。

衝動的に行動してしまうがゆえに，危険と隣り合わせな状況がある。本人の意欲を認め，集団の中での行動の仕方を身に付けることができるよう指導し，評価する。

子どもの様子
場の雰囲気や状況を読み取ることが困難

[相手の話を聞くこと]

✎ 自分が正しいと思っても，友達の話を聞いたり自分の思いを伝えたりしてから行動すると，互いに嫌な気持ちにならずにすむことに気付き，積極的にコミュニケーションを取ろうとしました。

[思ったことをすぐに声に出してしまうこと]

✎ 「それを言われたらいやだな」と相手が思うことを，感じたとおりに言ってしまうことがあります。思ったことを何でも言葉にしてよいわけではないこと，またそのむずかしさに気付き，自分なりに努力しています。

本人にとっては行動に理由があったり，行動が状況にそぐわないことが理解できていない場合がある。本人の気持ちを受け止めた上で丁寧な指導を行い，記述する。

対人面の困難がある

子どもの様子
相手のことを考えたコミュニケーションが困難

[一方的な会話]

✎ 友達の話にも耳を傾けることができるようになりました。正解は一つではない、考えはそれぞれでいいのだと確認したことで、安心して意見を交わすことができました。

[友達への注意の仕方]

✎ 係として、責任を持って仕事をやり遂げようと、みんなに積極的に声かけをしました。言い方によっては理解が得られにくいことに気付き、相手に気持ちが伝わるよう丁寧な言い方に努めることができました。

 POINT

自分の話をすべて受け入れてほしい気持ちが強い反面、相手の話に興味を持てない傾向がある子どもがいる。相手に対する伝え方や受け入れ方の支援について記述する。

子どもの様子
自分の気持ちを言えずに黙ってしまうことが多い

[あいさつやお礼の言葉の出し方]

✎ 頼んだのではない、わざとやったのではない、そのような場面でも、「ありがとう」や「ごめんね」の一言があると互いに気持ちよく過ごせることに気付きました。相手の気持ちを考えて言葉を選ぶことができました。

[苦手な場面で話す言葉]

✎ 断らなければならない状況で、相手の気持ちを考えるあまり、なかなか言い出せないことがありました。言い方を考え丁寧に話すと、相手にわかってもらえることを実感できました。

 POINT

自分の気持ちを相手や周囲に正しく伝えることは、自分の心にとっても大切なことであることに気付かせ、言葉によって表現できるよう支援したことなどを記述する。

特別な配慮を必要とする子ども

対人面の困難がある

 子どもの様子
やり方や予定の変更を受け入れることがむずかしい

[気持ちや行動の切替え]

- どんな場面で自分の気持ちがいらいらしてしまうことが多いか，自分自身を振り返りました。切替えの方法を複数試し，上手に切替えることができました。自分に合う方法が見付かり，気持ちが楽になりました。

[状況に合わせた考えや行動をすること]

- 話合いでは，いろいろな意見があって，自分の意見に決まらないこともあり得ること，決まったことに協力することを事前に確認すると，落ち着いて話合いやその後の活動に参加できました。

 POINT

落ち着いているときに，事前に話をして，受け入れの気持ちを準備することができるようにしたり対処方法を一緒に考えたりしたことを記述する。

 子どもの様子
休み時間などに友達と一緒に過ごすことができない

[遊びのルールの理解]

- 活動の前に，途中で困ったことがあったらどうするかも含め，ルールを丁寧に確認するようにしました。判断が付かないような場面で，事前に確認したルールに沿って進めたので，安心して活動することができました。

[勝ち負けへのこだわり]

- 互いのよいところを伝え合う活動を行いました。自分のよいところをみんなにたくさん言ってもらうことで，自分も友達のよい面を指摘したり素直に認めたりすることができました。

 POINT

友達と一緒に遊びたいが，うまく遊ぶことができない子どもがいる。一緒に遊び，どのような場面で遊べなくなっているのかを見極め，考えた支援方法を記述する。

対人面の困難がある

子どもの様子
変化への対応がむずかしく，落ち着かない行動が表れる

[予定の変更への対応]

✒ 計画を立てたときの学習の流れを変更しないようにしました。変更の必要がある場合は，理由を説明し，その後の進め方を一緒に考え決めていきました。状況を判断して，よい意見を述べました。

[学級環境への適応]

✒ 心配なことや困ったことを，いつでも話してよいこと，言いにくいときは約束した合図で知らせればよいことを確認したところ，安心できたようで，新しい友達にも積極的に声をかける姿が見られるようになりました。

POINT

周囲が考えている以上にちょっとしたことで不安になる子どもがいる。不安の表現が乱暴な言葉遣いや不適切な行動となる場合もあるため，注意を要することなどを記述する。

子どもの様子
友達と一緒に行う活動でトラブルになりがち

[協力して係や当番の仕事をすること]

✒ リーダーシップを発揮して係の仕事に取り組みましたが，はじめはうまくいきませんでした。友達の意見を聞くことを学んでからは，意見を出し合って相談する姿が見られるようになりました。

[グループ学習への参加]

✒ 話合いで意見を一つにまとめるためにどのような方法があるか，考えました。みんなの考えのよいところを合わせて新しい考えをつくる方法で解決しようと工夫しました。安易に多数決に頼らずに，活発な話合いができました。

POINT

学級のルールを守って，友達と一緒に，手順どおりに最後までやり遂げることができるよう支援したことを記述する。

特別な配慮を必要とする子ども

通級指導や個別指導などを受けている

 子どもの様子
障害の特性により何らかの苦手意識を持っている

[相手の気持ちの理解]
- 自分にとっても相手にとっても，好ましい解決方法を探る考え方を知りました。とても共感を覚えたようで，みんなにとってよい結論，まとめ方はないか，工夫するようになりました。

[他者との気持ちの折り合い]
- 理想を高く掲げ努力します。大変尊いことですが，完璧を求めて無理をすると自分を追い込んでしまうことを確認しました。苦手なこともあると認めだんだん成長していけばいいと思えるようになりました。

 POINT

子どもが自分なりに自身を理解し，自分に合った解決法を身に付け，苦手な状況に主体的に対応しようとする気持ちを持つことができるようになったことなどを評価する。

 子どもの様子
少人数指導や個別指導などを受けている

[学習の定着]
- 学習したことを覚えるためのいろいろな方法の中から，自分に合うと思うやり方を試しました。短いストーリーを創作して，複数の事柄を関連付けて覚える方法で意欲的に学習することができました。

[定規やコンパスの使い方]
- コンパスの開き具合を，ねじを締めて固めにしたところ，扱いやすくなったようです。円を書く方向にコンパスを少し傾けながら書く練習をしました。小さな円も一気にきれいに書くことができるようになりました。

 POINT

学級での個別の対応よりも，更に児童の気持ちに寄り添うことが可能になる。子どもが何につまずいているのかを見極め，スモールステップでの支援と，その変化を記述する。

第4章 子どもの状況別言葉かけ集

言葉かけの心得

子どもへの言葉かけはその子の成長を願いよさを認め励ますようにします。

1 「よいところを見付けてほめる」ことを原則とします

がんばるぞという気持ちにさせるためには，その子どものよいところを見付けてほめることが大切です。できたことだけではなくがんばったこともほめることにより，次もがんばろうとする気持ちを育てていきましょう。

2 欠点を指摘するのではなく，努力の仕方を示します

欠点を指摘するだけでは，子どもはやる気をなくしてしまいます。どのように努力したらよいのかをわかりやすく伝え，更にあなたの成長に期待していることも伝えます。

3 子どもにどんな言葉をかけたらよいか日頃から考えておきす

子どものよさをほめるためには，子どもたちの日頃の生活をよく見ておき，よいことがあったらその場でほめるだけでなく，更に記録簿等に記録しておきます。その場の思いつきの言葉ではなかなか伝わらないものです。

4 かける言葉の例をたくさん収集しておきます

子どもごとに言い分けるためには，日頃からたくさんの例を収集しておくしかありません。かける言葉の例は，学期の数からして，子どもの数の3倍以上が必要です。

5 子どもの見方を広げ，同じ言葉を何度もかけないようにします

同じ子どもにはいつも同じ言葉をかけてしまいがちですが，毎学期同じ言葉をかけていては子どものやる気はなかなか育ちません。教師が子どもを見る視点は偏りがちになってしまいますが，日頃から子どもの見方を意図的に広げ，同じ言葉を何度もかけないように心掛けます。

6 教師の回りに子どもが近づきやすいような雰囲気をつくりましょう

教師が子どもたちに笑顔で接することで，子どもたちはよくわからないところや困ったときに教師に聞きに来るだけでなく，日常的に教師と話がしやすくなります。教師が意図的に話しやすい雰囲気をつくることで教師への信頼感も増し，子どもは自分から困ったことを伝えやすくなるでしょう。

子どもの状況別言葉かけ集

言葉かけの基本

● **全員の前でかける言葉は，ほかの児童へのメッセージにもなります**

　　児童を全員の前でほめるということは，担任として学級に期待することへの評価やメッセージになります。周囲で聞いている児童の様子もしっかり把握することが大切です。ほめるときは，学級全体の行動の変化を見ていきましょう。

● **ほめるときは具体的にほめましょう**

　　ほめるときは子どもたちの行動をほめることが大切です。そして，「やさしいね」や「思いやりがあるね」という言葉を付け加えることで，その行動の意味を感じさせるようにしましょう。

● **言葉をかけるときは，子どもの顔を見つめて話します**

　　実際にはかけられた言葉よりも，そのときの笑顔や声のトーンなどの印象からほめられたことの実感が伝わるものです。そのため，子どもの顔をしっかり見ながらにこやかにほめることが大切です。

やる気を引き出す言葉かけの基本形

観点	基本形	言葉かけの例
・認める ・ねぎらう	＊よくがんばったね ＊夢中だったね ＊ごくろうさま	毎日，〜点検，よくがんばったね。 〜ができるように，夢中だったね。 〜のお世話，ごくろうさまでした。
・ほめる	＊さすがだね ＊すばらしい ＊おめでとう	さすが○さん，大活躍でしたね。 〜をやりぬくとは，すばらしい。 〜大会入賞，おめでとう。
・励ます	＊きっとできるよ ＊期待しているよ ＊〜なら大丈夫	この調子でやれば，きっとできるよ。 調子が出てきたね，期待しているよ。 〜さんなら大丈夫，やり続けよう。
・ヒントを 　与える	＊〜してみよう ＊〜も役に立つよ	休み中，5冊は読書してみましょう。 原稿用紙に書き写すのも役立つよ。
・考えさせる	＊以前と比べて ＊どちらが大事	以前よりドリルの時間は増えたかな。 時間は限られています。〜さんには， ピアノと水泳どちらが大事かな。

● 学習の様子から

> ◎:成果が上がっている　◇:成果が不十分・下がっている

国語

- ◎ 伝えたいことの内容がわかりやすくなるように、事実と感想、意見を区別して話の構成を考えて話すことができました。
- ◎ 短歌や俳句をつくるなど、感じたことや考えたことをのびのびと表現することができました。
- ◎ 登場人物の相互の関係や心情などについて、文章からとらえて人物像や物語などの全体像を具体的に想像することができました。
- ◎ 学校図書館を利用して、複数の本や新聞などを活用し、自分から進んで調べたり考えたりしたことを発表することができました。
- ◎ 相手の立場や考え方を意識して話を聞くことができました。これを生かして話合いのときは自分の考えを積極的に話してください。
- ◇ 文章を書くときには、全体の構成や展開を考えて単語や文章を整えていくと、わかりやすくなります。
- ◇ 詩や物語、伝記など幅広く本を読んでいますね。自分の心に残ったところに線を引いたり書き取ったりすると、言葉の調子が自然に身に付いて、自分の考えをもっとうまく表現できると思います。

社会

- ◎ 生産の工程や人々が協力している様子などに着目して、生産に関わる人々の工夫や努力をよくとらえました。
- ◎ 地図帳や地球儀、さまざまな資料を調べてわかりやすくまとめました。
- ◎ 外国の人々の生活の様子をよく調べ、日本の文化や習慣との違いをとらえ、国際交流の果たす役割を発表することができました。
- ◎ 探究学習では熱心にメモをしていて感心しました。事前に消費者や生産者の立場の違いを考えて自分の考えをまとめることをもっと意識すると、後の学習に役立つメモを取ることができるでしょう。
- ◇ 産業の歴史に興味があるようです。大きな流れをとらえ、関連する先人の業績や文化遺産を理解するようにするともっとおもしろいと思います。

算数

- ◎ 乗法と除法の意味に着目し，乗数や除数が小数である場合まで考えて，計算の仕方を考えたり日常生活に生かしたりできました。
- ◎ 図形を構成する要素などに着目して，基本となる図形の面積の求め方を見付けて，公式として導くことができました。
- ◎ 目的に応じてデータを収集したり適切な手法を選択したりするなど，統計的な問題解決の方法を知ることができました。
- ◇ 計算練習に繰り返し取り組んでいたのがすばらしいです。計算の上達には復習が大切ですので，これからも練習を続けましょう。
- ◇ いつも学習に積極的に取り組んでいます。算数では，単位を揃え，位取りを正確にすることが大切です。問題文をよく読み，答えが合っているか見直しましょう。
- ◇ 図形問題に一所懸命取り組んでいますね。図形を構成する要素を理解するために，平面や立体パズルを楽しんで，苦手意識を克服していくのもよいかもしれません。

理科

- ◎ 植物の育ち方について，発芽や成長，実の様子をよく見て，それらに関わる条件を考えながら調べる活動を積極的に行いました。
- ◎ 電流がつくる磁力を調べる中で，電流がつくる磁力の強さに関連する条件を予想と仮説を立てて考え，どうしたらよいか解決の方法を考えて発表できました。
- ◎ 燃焼の仕組について空気の変化に注目し，物の燃え方をさまざまな方法で調べることで，植物体が燃えるときには空気の酸素が使われて二酸化炭素ができることを学習しました。
- ◇ 興味のあることをよく調べていてりっぱです。理科の実験では結果を覚えるだけではなく，どうしてそうなるのか考えてみることも大切です。
- ◇ 環境問題に興味があるようです。生物と環境との関わりに注目して，それらをさまざまに調べる活動をすることで，もっと生物に興味を持つことができるでしょう。

◇ニュースをチェックする習慣があるようです。理科に関わるニュース，例えば天気の変化などの気象情報を使って少し先の天候を予想するなどしてみると，理科が身近でもっと楽しいものに感じられてくるでしょう。

音楽

◎曲の感じを生かすために曲の特徴にふさわしい表現を工夫して，自然で無理のない響きのある歌い方で歌うことができました。

◎音色や響きに気を付けて，旋律を奏でる楽器や打楽器を積極的に演奏することができます。音楽に関する知識も豊かです。

◇合唱コンクールの練習に積極的に参加しています。表現することは恥ずかしいことではないので，楽しんで音楽を続けましょう。

◇打楽器が大好きで上手です。でも，ときには旋律楽器にも挑戦して，音を合わせて演奏ができるようにしてください。リズム感がよいので，上達できるでしょう。

図画工作

◎材料や用具をうまく生かして，創造的な作品に仕上げようとする意欲が大変すばらしいです。

◎自分から進んで表現したり鑑賞したりする活動に取り組み，作品の形や色などから，作者が表そうとした意図や作品の特徴をとらえて発表することができました。

◇作品を最後まで仕上げる根気強さがあります。身の回りの物を見て，表現方法に応じて材料や用具を活用して，表現に適した方法などを組合わせると，作品のアイデアがわいて楽しいですよ。

◇感じたことや創造したことなど，作品づくりのイメージが豊かです。活動に応じて材料や道具を工夫して作品を仕上げるには，細かい作業を繰り返して技術を上達させることも必要です。友達の工夫やお手本などもよく見て，参考にしながら進めましょう。

家庭

◎ 家族との触れ合いや団らんの大切さを理解して，自分の生活をよくしようと工夫するところが，大変りっぱです。

◎ 体に必要な栄養素の種類や主な働きを理解して，栄養のバランスを考えて調理実習の献立を工夫しました。とても頼もしいですね。

◇ 調理実習のときは友達とよく協力し合っていました。家庭生活は，そのほかのことも家族と協力することが大切ですから，将来に備えて，考えていきましょう。

◇ 家庭科の知識が大変豊かですばらしいですね。手縫いやミシン縫いなど目的に応じた縫い方や，用具の使い方がわかることは大切です。実習についても苦手意識を持たず，身に付けていきましょう。

体育

◎ 運動に積極的に取り組み，約束を守り助け合って運動することができました。仲間の考えや取組みを認め，安全に気を付けながらいろいろな運動にチャレンジして技を身に付けました。

◎ 心の発達や不安，悩みへの対処法を理解し，関心を持って学習に取り組みました。簡単な怪我の対処方法もよく理解しています。

◇ 「ゲームは絶対勝つ」というファイトがすばらしいです。でも，自分のチームに合った作戦を選び，自分や仲間の考えたことを互いに伝え合うことも大切です。工夫してみてください。

◇ なにごとにも地道に努力できることは，すばらしい力です。いっぽうで安全への配慮が足りない場面がありました。安全に楽しく取り組めるよう，今後も声かけを続けていきます。

外国語

◎ 活字体の大文字，小文字や終止符や疑問符，コンマなどの基本的な符号を理解しています。

◎ 日付や時刻，値段などを表す表現など，日常生活に関する事柄について情報を聞き取ることができます。

◇ 外国語は雰囲気を楽しんで話をしてみましょう。自分の考えや気持ちなどを伝えたり，簡単な質問をしたりして伝え合う活動をしているうちに自信がわいてきますよ。

◇ 外国語活動は，いろいろな国のことを楽しみながら学習するのがコツです。自分の趣味や得意なことを自己紹介するなどでも，相手と話そうという気持ちを伝えることが大切です。

総合的な学習の時間

◎ 探究課題をきちんと押さえた調査や質問を行い，自分たちなりの考えをまとめあげる力がすばらしいです。

◎ 探究活動においては，図書館やコンピュータなどを上手に活用して，友達と協力し合って発表する姿勢が大変りっぱです。

◇ たくさんの知識を持っています。総合的な学習の時間ではさまざまな教科で身に付けた知識を，探究課題の解決のために活用することが大切です。互いに関連付けたり比較したりするなどして，わからないことを解決まで導くようにがんばりましょう。

◇ 調べものをすることが上手です。調べたことを友達に伝えるのはむずかしいことですが，どのように説明すれば伝わるかを考えることも大切です。

道徳

◎ 誰に対しても公正，公平な態度で接することの大切さについて，自分の考えをしっかり持っています。

◎ 生命が，たくさんの生命のつながりの中にあることをよく理解しています。日々の生活でも生き物を大切にしている姿をよく見かけています。

◎ よりよく生きようとする人間の強さや気高さをよく考え，自分の生き方についても友達と話し合う中で考えを深めていました。

◎ 移動教室で見た景色を思い出しながら，自然の偉大さを考え，自然環境を守るために何をしたらよいのか，積極的に自分の考えを発表しエコ活動を行いました。

子どもの状況別言葉かけ集

● 行動の様子から

◎:成果が上がっている　◇:成果が不十分・下がっている

基本的な生活習慣

- ◎ 誰にでも笑顔であいさつをしている姿は，下級生にもよいお手本となっています。その心掛けと笑顔を，いつまでも大切にしてください。
- ◎ いつも冷静に，大事なことを落とさず話を聞いていることに感心します。その習慣を大切にしてください。
- ◇ いろいろなことに気が付いてトライするのはとてもよいことですが，一つのことを最後まで仕上げることも大切です。トライの前に何に取り組むべきかを考えてみるようにしましょう。
- ◇ なにごとにも進んで取り組む姿勢は大変りっぱです。ただし，集団生活上，順番やルールをきちんと守ることはとても大切なことです。順番やルールのことも考えて行動することを期待しています。
- ◇ 最後までやり抜く姿勢がすばらしいです。今後は，チャイムの合図や提出期限を守ることも達成できるようにがんばりましょう。

健康・体力の向上

- ◎ 遊んだ後，友達と誘い合って，うがいや手洗いをきちんとする習慣があるようです。健康を大切にする態度がりっぱです。
- ◎ 練習が実を結びドッジボールが上達しました。体を動かすことは体力の向上にもつながります。これからも積極的に取り組んでいきましょう。
- ◇ 苦手な一輪車を熱心に練習しました。運動はまず体を動かして気持ちいいと感じることが大切です。今後も楽しんで取り組んでいきましょう。

自主・自律

- ◎ みんなと相談しながら，休み時間や放課後の時間を上手に使って発表の準備を進めていました。自主的に取り組めているのがすばらしいです。
- ◇ 言われたことをすぐ理解して実行できる力がすばらしいです。判断力は確かですから，自信を持ってください。行動したほうがよいと思うことは自分から積極的に実行してみましょう。

◇ なにごとも始めたら夢中でがんばる姿が素敵です。忘れ物が多いことは学習の妨げとなりもったいないですね。寝る前に翌日の学習準備をしましょう。

責任感

◎ 日直のごみ捨てでは，分別を確認して捨てに行くなど，どんなこともきちんと行う態度は大変りっぱです。

◇ 班長としていろいろな考えを伝え，頼りにされています。ただし，実行するときは一番大変な役を班長が引き受ける覚悟も必要です。

◇ 友達の頼みを笑顔で引き受けるところは，大きな魅力です。ただし，先に引き受けたことを終わらせてから次に取り組まないと，親切のつもりが迷惑になってしまうこともあります。よく考えてから引き受けましょう。

創意工夫

◎ グループ発表のとき，聞く人にアピールしようと，資料づくりと発表の工夫をして成功させましたね。

◇ ことわざをたくさん知っていて素敵ですね。生活目標や学習と関係のあることわざをみんなにも紹介してくれませんか。

◇ よく本を読んでいますね。図書係は本の整理と貸し出しだけでなく，みんなに本を好きになってもらうことも仕事です。本の紹介などを工夫してみませんか。

思いやり・協力

◎ 鉄棒で逆上がりの練習をしている友達を励ましていましたね。友達が成功したとき，心から嬉しそうでした。

◎ スピーチで緊張して話す内容を忘れてしまった友達に，やさしく質問をして思い出させてあげていました。思いやりを行動に移せることが，すばらしいです。

◇ 自分の考えを話す力がすばらしく話合いをリードしました。ただし話合いでは，メンバーのペースに気を配るともっとよいでしょう。例えばゆっく話す人を待たずに発言すると，その人は話しづらくなってしまいます。待つことも大きな助けです。

◇ 班活動では頼りになるリーダーです。話合いどおりにできない人がいても怒らずに，もう一息我慢してみませんか。

生命尊重・自然愛護

◎ 学級園の水やりのとき，乾いていた1年生のアサガオにもそっと水をかけていましたね。自ら気付いて行動する姿勢がりっぱでした。

◇ 休み時間にみんなを誘って遊ぶ姿は素敵です。でも，植物係なのに，花壇の水やりを人任せにしたのは感心しません。植物を育てることも○さんの大事な仕事です。

勤労・奉仕

◎ 運動会前の石拾いで拾い残した石を，休み時間に拾っていましたね。ダンスで裸足になる低学年が痛いだろうと心配していたと聞きました。低学年も低学年の担任も，感心し感謝していましたよ。

◇ 昆虫の名前をよく知っていて感心します。でも，草取りの時間に，作業の手を止めて虫探しに夢中になるのはいけません。「いま何をするべきか」を考えて作業に取り組みましょう。

公正・公平

◎ 困った顔を表に出さず，けんかをしている両方の話をよく聞いて，自分の考えを話す態度は大変りっぱです。

◇ 仲のよい友達と元気に遊ぶ姿が見れて嬉しいです。でも，もめたときにほかの友達の話をよく聞かないことはよくありません。言いにくいことを伝えることも，友達を大事にすることですよ。

公共心・公徳心

◎ 一輪車や竹馬を使った後，必ずもとどおりに後片付けをしていますね。次の人のことを考える態度は大変りっぱです。

◇ 興味を持ってどんなことにも挑戦する姿勢は大変りっぱです。でも，終わった後に後片付けをしないでいなくなるのは困ります。次の人のことも考えた行動を取るようにしましょう。

INDEX 所見文例索引

学習について

学習成果

学習成果が十分上がっている

	ページ
学習成果も学習態度も良好な子	30
学習に意欲的に参加している子	30
進んで調べ，自分で解決しようとする子	31
学習成果が上がっているのに，やや自信がない子	31
自分に自信があり，友達との関わりも良好な子	32
基礎的な力を備えているが，応用力に課題がある子	32
知識は豊富だが，生活体験の幅が狭い子	33
知的に優れているが，力を出し切れていない子	33

おおむね学習成果が上がっている

努力を積み重ね，着実に力を付けている子	34
体験的な学習に意欲的に取り組む子	34
予習・復習や学習準備に主体的に取り組む子	35
やればできるのに意欲が続かない子	35
理解は早いが，知識の定着に課題がある子	36
学習の仕方やスキルに課題のある子	36
現状に満足してしまっている子	37
基礎・基本の力を確実に身に付けている子	37

学習成果が不十分

努力に見合った学習成果が上がっていない子	38
努力の経験が少ない子	38
集中力が十分でない子	39
学習のペースが遅い子	39
自分なりの方法で粘り強く取り組んでいる子	40
要領がよくないため，創意工夫不足に見られてしまう子	40
グループ学習で友達頼みになってしまう子	41
テストの点数で意欲が大きく左右される子	41

学習成果に偏りやむらがある

不得意な教科を克服するために努力している子	42
得意・不得意の差が大きく，学習成果に偏りがある子	42
運動への苦手意識を払拭しようと努力している子	43
得意教科でしか努力しようとしない子	43

所見文例索引

学習成果が上がった／下がった

大きく成長した子	44
飛躍的に成長した教科がある子	44
全体的に成績が下がった子	45
急に成績が下がった教科がある子	45

学習への取組み方

意欲・積極性

好奇心・探究心が旺盛な子	46
不得意な教科に学習意欲がわいてきた子	46
好奇心や探究心が高くない子	47
やればできるのに，自信がない子	47
まじめに努力するが，自信がない子	48
授業の内容がわかっていても，なかなか発言しない子	48
積極的に挙手するが，発言の内容に深まりがない子	49
積極的だが，他人の立場を肯定的にとらえられない子	49

集中力・根気強さ

集中して学習に取り組んでいる子	50
困難な課題に粘り強く取り組む子	50
根気を必要とする作業に粘り強く取り組む子	51
授業以外のことに興味・関心が移りがちな子	51
困難にぶつかると，あきらめがちな子	52
不注意によるミスが多くあり，実力を発揮していない子	52
じっくりと時間をかけて考えるのが苦手な子	53
授業中に集中力が途切れると，離席してしまう子	53

自主性・主体性・計画性

めあてを持って学習に取り組む子	54
学習に主体的に取り組んでいる子	54
学習の準備や後片付けに進んで取り組む子	55
学習への主体性が低い子	55
周りの人に頼りがちな子	56
指示がないと行動できない子	56
学習への準備が不十分な子	57
学習の準備や後片付けが不得手な子	57

創意工夫

創意工夫によって理解を深めている子	58

改善のための努力を積み重ねている子	58
学んだことをほかの場面や生活に生かそうとする子	59
人との交流場面で努力を続ける子	59
発想が豊かな子	60
同じ間違いを繰り返す子	60
ものごとに柔軟な発想で向き合うことが不得手な子	61
模倣が多く,自分らしさを発揮できていない子	61

協調性

ともに学んでいこうとする意識が高い子	62
友達と仲よく協力し合える子	62
コミュニケーション能力を発揮している子	63
前向きな言動で周囲に好影響を与えている子	63
協調性を欠いた行動をすることがある子	64
グループ学習にとけ込もうとしない子	64
自分勝手な言動が目立つ子	65
人前に出ることが苦手な子	65

考え方や情緒面での課題

心に余裕がなくなっている子	66
授業中の態度や気分にむらがある子	66
現状に満足し,新たな課題に挑もうとしない子	67
自分を甘やかしてしまう子	67
自信がなく,引っ込み思案な子	68
評価によって学習意欲が大きく左右される子	68
自尊感情や自己有用感が低い子	69
自分の失敗を認められない子	69

観点別にみた学力の特徴

知識・技能

知識は豊富だが,応用問題が苦手な子	70
パソコンやインターネットなどの操作が得意な子	70
実験・観察の技能に優れている子	71
辞書・事典など資料活用の技能に優れている子	71
正確な知識を身に付けている子	72
努力家で豊富な知識を身に付けている子	72
基本的な知識や技能が不足している子	73
基礎・基本に課題がある子	73

所見文例索引

思考・判断・表現

知識は豊富だが思考力・表現力に欠ける子	74
学習課題や疑問を発見することが得意な子	74
課題解決的な学習が得意な子	75
身近な事象と結び付けながら学習している子	75
分析して自分の考えをまとめることが得意な子	76
批判的思考をもとに表現することができる子	76
豊かな発想をもとに学習することができる子	77
原理や法則性を理解し表現に生かしている子	77
原理や法則性をとらえることが苦手な子	78
学習課題や疑問を見出すことが苦手な子	78

主体的に学習に取り組む態度

パソコンやインターネットを活用して表現しようとする子	79
ノートを見やすく整理しようとする子	79
発表に主体的に取り組もうとする子	80
人前での発表に積極的に取り組めない子	80
計画的に学習を進めている子	81
主体的に学びを深めようとする子	81
際立った才能を発揮し周囲の手本となっている子	82
ドリル学習に着実に取り組んでいる子	82
見通しを持って作業しようとしない子	83
時間内に終えるための工夫をしようとしない子	83

学習習慣・家庭環境・その他

学習習慣

予習・復習にしっかり取り組める子	84
家庭学習の内容が充実している子	84
学習整理がきちんとできる子	85
よく読書している子	85
宿題や学習準備がなかなかできない子	86
予習・復習への意欲が低い子	86
予習・復習をなかなかしない子	87
家庭学習や読書の習慣が身に付いていない子	87

家庭環境

学習面からみて家庭環境に恵まれている子	88
保護者の関心が高く，自身もがんばっている子	88

萎縮してしまっている子	89
なかなか自立ができない子	89
家庭環境が整っていない場合	90
保護者の関心が薄い場合	90
保護者が子どもの課題に気付いていない場合	91
保護者が自信を持てていない場合	91

その他

欠席が少なく元気に登校できる子	92
転入してきた子	92
転校する子	93
新学年に向けて励ましたい場合	93
不登校傾向の子	94
塾や習い事のマイナス面が気になる子	94

科目別

国語	96
社会	98
算数	100
理科	102
音楽	104
図画工作	105
家庭	106
体育	107
外国語	108
総合的な学習の時間	113
特別の教科　道徳	121
特別活動	166

行動について

基本的な生活習慣

あいさつや適切な言葉遣いができる子	126
整理整とんができる子	126
時間や安全への意識が高い子	127
節度を守って行動することが苦手な子	127
整理整とんや学習準備が苦手な子	128
感情にまかせて行動してしまう子	128

所見文例索引

言葉遣いや行動が乱暴な子	129
いつも落ち着いて生活している子	129

健康・体力の向上

いつも明るく前向きな子	130
風邪を引きやすく，休みがちの子	130
進んで運動している子	131
運動が苦手で，室内で遊ぶのが好きな子	131
心身ともにたくましさを身に付けている子	132
食べ物の好き嫌いが多い子	132
健康に気を付け病気やけがをしない子	133
けがの多い子	133

自主・自律

自分なりの考えを持って計画的に実践する子	134
依頼心が強く，自分で解決しようとしない子	134
積極性がなかなか見られない子	135
自分の考えを進んで実行する子	135
当面の課題に根気強く取り組む子	136
その場の雰囲気に左右されやすい子	136
自分勝手な行動をすることがある子	137
目標を持たず，あきらめやすい子	137

責任感

係・当番の仕事を着実に果たしている子	138
リーダーとして責任ある活動ができる子	138
学習の準備・後片付けに責任を持って取り組む子	139
自分の役割を責任を持ってやりぬく子	139
周りが気になり，自分の仕事に集中できない子	140
責任転嫁や言い逃れが目立つ子	140
一人ではなかなか取りかからない子	141
決まったことをよく忘れる子	141

創意工夫

新しいことに興味を持ち，積極的に調べようとする子	142
発想が柔軟で多面的に考えることができる子	142
進んで新しい考えや方法を取り入れようとする子	143
困難に立ち向かい，新しい発想で解決しようとする子	143
当番・係活動で，自分に合った方法を工夫する子	144

発表の仕方を工夫している子	144
特技を学習や生活に生かしている子	145
自分のよさを見出せず，自分らしさを発揮できていない子	145

思いやり・協力

男女の別なく協力し合える子	146
行事で思いやりや協調性を発揮した子	146
思いやりや協調性を発揮できないことがある子	147
学習活動で思いやりや協調性を発揮した子	147
広い心を持ちあたたかみを感じさせる子	148
自分と異なる考えや立場を尊重できる子	148
困っている友達に親切にできる子	149
自分の意見だけを主張しがちな子	149

生命尊重・自然愛護

動植物が好きで，進んで世話をする子	150
動植物に関心を持ち，進んで調べようとする子	150
小さな生き物や植物の世話を忘れがちになる子	151
高齢者や障害を持った方にあたたかく接する子	151
命の尊さへの気付きが未熟な子	152
自然の変化を豊かに感じ取る子	152

勤労・奉仕

意欲的に働く姿が学級の手本となっている子	153
掃除などの当番活動を好まない子	153
学級や友達などのために主体的に行動する子	154
何かしてもらうことが当たり前になっている子	154
ボランティア活動に意欲的に取り組む子	155
ボランティア活動への関心が高まった子	155

公正・公平

周囲に流されず，自分で判断して正しい行動ができる子	156
周囲の意見や行動に流されがちな子	156
自分の好き嫌いにとらわれず，誰とも公平に接する子	157
自分の好き嫌いで行動してしまう子	157
正しいことの基準を自分でしっかり持ち，行動できる子	158
公平な態度がみんなの手本となる子	158

公共心・公徳心

みんなで使うものを大切に扱える子	159

所見文例索引

みんなで使うものの扱いがぞんざいになる子	159
学級や学校のことを考えて行動する子	160
公共心・公徳心が未熟な子	160
公共のマナーをよく守って行動する子	161
公共のマナーを軽んじてしまいがちの子	161

その他

登校を渋ったり休んだりしがちな子	162
ごまかすことがある子	162
作業や行動が遅くなりがちな子	163
作業の丁寧さや慎重さに欠ける子	163
力があるのに消極的になりがちな子	164
学習用具や宿題を忘れることが多い子	164
友達とトラブルになりやすい子	165
同年齢の集団に馴染めず，大人との関わりを求める子	165

特別な配慮を必要とする子どもについて

学習面の困難がある

話を聞いて考え理解する学習が苦手	174
言葉によるコミュニケーションが苦手	174
音読に自信がなく，読むことへの意欲が低い	175
学習の場面で，なかなか書き進められない	175
練習を重ねても文字の読み書きの習得が困難	176
形をとらえることがむずかしい	176
計算の仕方などがなかなか定着しない	177
因果関係を理解することが苦手	177
指先を使った作業が苦手	178
運動が苦手で，外遊びにも消極的になりがち	178
気になることがあると注意がそれてしまう	179
調べたりまとめたりすることが困難	179

行動面の困難がある

整理整とんが苦手で忘れ物が多い	180
注意がそれやすく，一斉指示に従った行動が苦手	180
離席するなど，じっとしていることが苦手	181
自分の思いで衝動的に行動してしまう	181
集団生活の中で衝動的な行動が多い	182

場の雰囲気や状況を読み取ることが困難	182

対人面の困難がある

相手のことを考えたコミュニケーションが困難	183
自分の気持ちを言えずに黙ってしまうことが多い	183
やり方や予定の変更を受け入れることがむずかしい	184
休み時間などに友達と一緒に過ごすことができない	184
変化への対応がむずかしく，落ち着かない行動が表れる	185
友達と一緒に行う活動でトラブルになりがち	185

通級指導や個別指導などを受けている

障害の特性により何らかの苦手意識を持っている	186
少人数指導や個別指導などを受けている	186

■執筆者一覧（原稿順，所属は2019年4月現在）

石田　恒好	文教大学学園長	p.9, 12, 15
石田　玲子	元・箱根町立箱根の森小学校校長	p.10-11, 13-14, 16-19
勝亦　章行	前・練馬区立関中学校校長	p.20-23
神山　直子	東京純心大学現代文化学部こども文化学科講師	p.29-69
針谷　玲子	台東区立蔵前小学校校長	p.70-83, 187-196
濱松　章洋	調布市立深大寺小学校校長	p.84-94, 113-119
松本絵美子	文京区立窪町小学校校長	p.96-112
大場　一輝	三鷹市立中原小学校校長	p.125-149
齋藤　瑞穂	杉並区立杉並第七小学校校長	p.150-171
後藤　欣子	調布市立飛田給小学校主任教諭	p.173-186

■編著者

石田　恒好　文教大学学園長
山中ともえ　調布市立飛田給小学校校長

資質・能力を育てる
通信簿の文例＆言葉かけ集
小学校高学年

2019 年 7 月 10 日　初版第 1 刷発行　[検印省略]

編著者　**石田恒好・山中ともえ**
発行人　福富　泉
発行所　株式会社　図書文化社
　　　　〒 112-0012　東京都文京区大塚 1-4-15
　　　　Tel: 03-3943-2511　Fax: 03-3943-2519
　　　　http://www.toshobunka.co.jp/
本文・カバーデザイン　中濱健治
カバーイラスト　　　　ヤマネアヤ
印　刷　株式会社　厚徳社
製　本　株式会社　駒崎製本所

©ISHIDA Tsuneyoshi, YAMANAKA Tomoe　2019　Printed in Japan
ISBN　978-4-8100-9730-6　C3337
[JCOPY] ＜出版者著作権管理機構　委託出版物＞
本書の無断複写は著作権法上での例外を除き禁じられています。
複写される場合は，そのつど事前に，出版者著作権管理機構
（電話 03-5244-5088，FAX 03-5244-5089，e-mail:info@jcopy.or.jp）
の許諾を得てください。
乱丁・落丁本はお取り替えいたします。
定価はカバーに表示してあります。

授業・学級づくりの本

●授業づくり

最新 教えて考えさせる授業 小学校
市川伸一・植阪友理 編著　B5判 本体 2,500円+税

問いを創る授業 ―子どものつぶやきから始める主体的で深い学び―
鹿嶋真弓・石黒康夫 編著　B5判 本体 2,400円+税

授業で使える!**論理的思考力・表現力を育てる 三角ロジック**
鶴田清司 著　A5判 本体 1,800円+税

●学級づくり

学級集団づくりのゼロ段階　河村茂雄 著　A5判 本体 1,400円+税

学級リーダー育成のゼロ段階　河村茂雄 著　A5判 本体 1,400円+税

ゆるみを突破! 学級集団づくりエクササイズ 小学校
河村茂雄・武蔵由佳 編著　B5判 本体 2,400円+税

100円グッズで学級づくり ―人間関係力を育てるゲーム50―
土田雄一 編著　A5判 本体 1,400円+税

今日から始める **学級担任のためのアドラー心理学**
会沢信彦・岩井俊憲 編著　四六判 本体 1,800円+税

エンカウンターで学級が変わる **ショートエクササイズ集**
國分康孝 監修　B5判 本体 2,500円+税

●その他

とじ込み式 **自己表現ワークシート**
諸富祥彦 監修　大竹直子 著　B5判 本体 2,200円+税

図とイラストですぐわかる
教師が使えるカウンセリングテクニック80
諸富祥彦 著　四六判 本体 1,800円+税

小学生のスタディスキル
安藤壽子 編著　家田三枝子・伴英子 著　B5判 本体 2,200円+税

図書文化